Libros de E.M. Cioran
en Tusquets Editores

E.M. Cioran

CUADERNOS
1957-1972

Selección de Verena von der Heyden-Rynsch

Traducción de Carlos Manzano

184
MARGINALES
TUSQUETS
EDITORES

Título original: *Cahiers. 1957-1972*

1.ª edición: abril 2000
2.ª edición: junio 2004

© de la traducción: Carlos Manzano, 2000
Diseño de la colección: Clotet-Tusquets
Reservados todos los derechos de esta edición para
Tusquets Editores, S.A. - Cesare Cantù, 8 - 08023 Barcelona
www.tusquets-editores.es
ISBN: 84-8310-670-1
Depósito legal: B. 21.930-2004
Fotocomposición: Foinsa - Passatge Gaiolà, 13-15 - 08013 Barcelona
Impreso sobre papel Goxua de Papelera de Leizarán, S.A.
Impresión: A & M Gràfic, S.L.
Encuadernación: Reinbook
Impreso en España

Índice

NOTA A LA EDICIÓN ESPAÑOLA

Los *Cuadernos* de Cioran fueron descubiertos, copiados y acortados por su compañera poco tiempo después de la muerte de su autor en 1995. La editorial Gallimard publicó mil páginas de esta obra póstuma en 1997. Para las traducciones ulteriores, los editores extranjeros decidieron hacer una selección de unas trescientas páginas. Esta antología está más que justificada por el hecho de que los *Cuadernos* no representan un conjunto de textos que el autor hubiera querido publicar, sino esbozos, observaciones, ocurrencias, notas intelectuales y personales, que constituyen en parte la materia prima de aforismos y fragmentos filosóficos posteriores. En esto radica su interés y al mismo tiempo la diferencia con el resto de la obra, que Cioran, un maestro del estilo, revisó múltiples veces y pulió con verdadera obsesión.

Una amistad de veinte años y una larga experiencia como traductora al alemán de la obra de Cioran me han inducido a seleccionar los apuntes presentados en esta antología, que en parte exponen los motivos centrales de su pensamiento y, asimismo, experiencias, anécdotas y comentarios muy personales, que reflejan la complejidad y el inagotable humor de Cioran.

Verena von der Heyden-Rynsch, enero de 2000

Prefacio

Durante mucho tiempo hubo sobre la mesa de Cioran un cuaderno siempre cerrado.

A su muerte, al reunir sus manuscritos para entregarlos a la Biblioteca Doucet, encontré treinta y cuatro cuadernos idénticos. Sólo diferían las tapas, marcadas con un número y una fecha. Comienzan el 26 de junio de 1957 y se interrumpen en 1972.

Durante quince años, Cioran guardó sobre su escritorio, al alcance de la mano, uno de esos cuadernos, que parecía ser siempre el mismo y que yo nunca abrí. En ellos encontramos entradas generalmente breves («Llevo el fragmento en la sangre»), la mayoría de ellas sin fecha. Sólo llevan fecha los acontecimientos considerados importantes, es decir, las salidas al campo y las noches de insomnio.

Los cuadernos de Cioran nada tienen que ver con un diario, en el que hubiera consignado los acontecimientos del día en sus menores detalles, género que para él carecía de interés. Más bien tenemos la impresión de encontrarnos ante esbozos, borradores. Encontramos más de una reflexión, más de un fragmento, intactos, en los libros. Algunas entradas están marcadas con una cruz roja en el margen o enmarcadas, como mantenidas en reserva.

En junio de 1971, escribe: «He decidido reunir las reflexiones dispersas en estos treinta y dos cuadernos. Den-

tro de dos o tres meses veré si pueden constituir la sustancia de un libro (cuyo título podría ser Interjecciones *o* El error de nacer)».

Cuadernos de borrador, pero también de ejercicios. La misma reflexión aparece reproducida hasta tres, cuatro, veces en formas diferentes, trabajada, depurada, siempre con el mismo deseo de brevedad, de concisión.

En diciembre de 1969, Cioran anota: «Voy a aferrarme a estos cuadernos, pues es el único contacto que tengo con la "escritura". Llevo meses sin escribir nada». Y añade: «Pero este ejercicio cotidiano es positivo, me permite acercarme a las palabras y verter en ellas mis obsesiones, al tiempo que mis caprichos. [...] Pues nada esteriliza tanto y resulta tan fútil como la persecución de la "idea"».

Por eso, encontramos relatos de encuentros, retratos o, mejor dicho, bocetos más o menos feroces de amigos o enemigos designados por iniciales o por la letra X. Determinado nombre reproducido al principio con todas las letras ha sido tachado totalmente, como si, al mantenerlos en el anonimato, Cioran hubiera querido proteger a aquellos a los que ataca o de los que se burla. ¿Pensaría entonces que alguien podría leer esas páginas un día?

En la tapa de los cuadernos I, II, IV, VIII, X, se lee: «Para destruir». En el primer cuaderno, Cioran ha añadido y subrayado: «Todos estos cuadernos, para destruir», y también en los cuadernos VIII y X.

Y, sin embargo, los guardó y ordenó cuidadosamente... Lo ayudaron a ajustar cuentas con el universo y sobre todo consigo mismo. Día tras día, desgrana fracasos, sufrimientos, angustias, terrores, rabias, humillaciones. Detrás de este desgarrador relato secreto se eclipsa el Cioran diurno, burlón y tónico, divertido y cambiante. Pero, ¿acaso no afirmó en varias ocasiones que sólo tomaba la pluma cuando tenía deseos de «pegarse un tiro»?

Yo he conservado el recuerdo de los acontecimientos que relata, las escenas que describe (el anuncio de la muerte de su madre, por ejemplo), a los que asistí: un recuerdo que difiere a veces sensiblemente del testimonio de Cioran. Es que los vivió y sintió solo. Es que siempre y en todas partes está SOLO. SOLO cuando vivo y SOLO cuando muerto. En el momento en que ponen en la picota al joven provocador y loco que fue en un lejano pasado, en que aparecen análisis de su obra, estudios supuestamente objetivos, y se desencadena la jauría de los conformistas... se ha rizado el rizo. Solo en vida y doblemente solo en la muerte.

En junio de 1995, Fernando Savater escribía en El País una despedida emocionante que concluía así: «Adonde ahora vas tienes que bajar solo». Recuerdo también el título con que se reunieron en 1990 en Humanitas algunos artículos de juventud escritos en rumano, ese hermoso título que para mí resume a Cioran: Singurátate si Destin: *Soledad y Destino.*

Simone Boué

[Muerta accidentalmente el 11 de septiembre de 1997, en vísperas de la corrección de pruebas, Simone Boué no tuvo la alegría de ver aparecer este libro, que le debe mucho.]

Cuadernos
1957-1972

Mi escepticismo es inseparable del vértigo, nunca he comprendido que se pueda dudar por *método.*

Emily Dickinson*: «I felt a funeral in my brain».*[1]* Yo podría añadir como Mademoiselle de Lespinasse: «En todos los instantes de mi vida».
Funeral perpetuo del espíritu.

¿Se comprenderá alguna vez el drama de un hombre que en ningún momento de su vida ha podido *olvidar* el Paraíso?

En mí todo se vuelve oración y blasfemia, todo se convierte en llamada y rechazo.

Todos los poemas que podría yo haber escrito, que he sofocado en mí por falta de talento o por amor de la

1. «Sentí un funeral en mi cerebro.» Primer verso del poema 280, de los 1.775 que se encontraron a la muerte de Emily Dickinson.
*. Todas las notas corresponden a la edición francesa. Las diversas noticias bibliográficas se han adaptado a los intereses del lector español. *(N. del E.)*

prosa, vienen de repente a reclamar su derecho a la existencia, me gritan su indignación y me sumergen.

Yo tengo una valentía negativa, una valentía dirigida contra mí mismo. He orientado mi vida fuera del sentido que me ha prescrito. He invalidado mi futuro.

Soy un filósofo aullador. Mis ideas —si ideas son— ladran: no explican nada, estallan.

2 de agosto de 1957
Suicidio de E.: un abismo inmenso se abre en mi pasado. Mil recuerdos exquisitos y desgarradores salen de él.

¡Le gustaba tanto la decadencia! Y, sin embargo, se ha matado para escapar de ella.

Si hubiera llevado a cabo una décima parte de mis proyectos, sería con mucho el autor más fecundo que haya existido jamás. Por suerte o por desgracia, siempre me ha atraído más lo posible que la realidad y nada es más extraño a mi carácter que la realización. He profundizado hasta el menor detalle todo lo que nunca habré hecho. He ido hasta el fondo de lo virtual.

El 18 de este mes, muerte de mi padre. No sé, pero siento que lo lloraré en otra ocasión. Estoy tan ausente de mí mismo, que ni siquiera tengo fuerzas para la pesadumbre, y tan bajo, que no puedo elevarme a la altura de un recuerdo ni de un remordimiento.

He buscado mi salvación en la utopía y sólo he encontrado un poco de consuelo en el Apocalipsis.

17 de enero de 1958

Hace unos días... Me disponía a salir cuando, para atusarme el pañuelo, me miré en el espejo. Y de repente un espanto indescriptible: *¿quién es ese hombre?* Me resultaba imposible reconocer*me*. De nada me sirvió identificar mi abrigo, mi pañuelo, mi sombrero, no sabía quién era, pues no era *yo*. Duró unos treinta segundos. Cuando logré recuperarme, el terror no cesó al instante, sino que se degradó insensiblemente. Conservar la razón es un privilegio del que podemos vernos privados.

Desde hace tiempo creo que la capacidad de renunciar es el criterio —el único— de nuestros progresos en la vida espiritual.

Y, sin embargo, cuando examino algunos de mis actos de renuncia, comprendo que todos ellos fueron acompañados de una enorme, aunque secreta, satisfacción de orgullo, inclinación absolutamente opuesta a toda profundización interior.

¡Y pensar que estuve a punto de rozar la santidad! Pero aquellos años quedan lejos y su recuerdo me resulta doloroso.

De la mañana a la noche, no hago otra cosa que vengarme. ¿Contra quién? ¿Contra qué? Lo ignoro —o lo olvido—, ya que nadie se libra... Nadie mejor que yo sabe lo que es la rabia desesperada. ¡Oh! ¡Las explosiones de mi decadencia!

¿Cuál será el futuro?
La rebelión de los pueblos sin historia.
En Europa —está claro— sólo triunfarán los pueblos que no han vivido.

Alcanzar el límite inferior, la humillación extrema, sumirse, dejarse caer, en ellos sistemáticamente, ¡como mediante una obstinación inconsciente y mórbida! Volvernos un guiñapo, una furcia, hundirnos en el barro y después, bajo el peso y el terror de la vergüenza, estallar y rehacernos, *recogiendo nuestros restos*.

Escribir una «Apología de Prusia»... o «Para una rehabilitación de Prusia».
Desde que se sofocó, aniquiló, a Prusia, perdí el sueño por ella. Tal vez sea yo el único, fuera de Alemania, que llora por la ruina de Prusia. Era la única realidad *sólida* en Europa; destruida Prusia, Occidente *debe* caer en poder de los rusos.
El prusiano es menos cruel que cualquier «civilizado». Prejuicio ridículo contra Prusia (responsabilidad de Francia al respecto); prejuicio favorable a los austriacos, renanos, bávaros, infinitamente más crueles; el nazismo es un producto de la Alemania del Sur. (Es una evidencia, pero nadie la reconoce.)
Por fin ha llegado el momento de decir la verdad.

Yo podría, si acaso, mantener relaciones *verdaderas* con el Ser; con los *seres*, jamás.

Todas las imposibilidades se resumen en una: la de amar, la de salir de la tristeza propia.

El fondo de la desesperación es la duda sobre uno mismo.

No hay un solo tema que merezca que le dediquemos nuestra atención más de unos instantes. Para reaccionar contra esa certidumbre, intenté transformar todas mis ideas en manías; era la única forma de hacerlas durar... ante mi... espíritu.

Yo no soy *de aquí;* condición de exilio *en sí;* en ninguna parte me encuentro en casa: absoluta falta de pertenencia a nada.
El paraíso perdido: mi obsesión de todo instante.

24 de febrero de 1958
Desde hace unos días, vuelve a rondarme la idea del suicidio. Cierto es que pienso en él a menudo, pero una cosa es pensarlo y otra sufrir su dominio. Acceso terrible de obsesiones negras. Me va a ser imposible durar mucho tiempo así por mis propios medios. He agotado mi capacidad para consolarme.

Sean cuales fueren mis recriminaciones, mis violencias, mis amarguras, proceden, todas ellas, de un descontento de mí mismo cuyo equivalente nadie podrá jamás experimentar aquí abajo. Horror de sí, horror del mundo.

Misericordia: sólo esa palabra encierra mundos. ¡Qué lejos llega la religión! Negué a Cristo, renegué de él voluntariamente, y la perversión de mi carácter es tal, que no puedo arrepentirme de ello.

Para escribir, hace falta un mínimo de interés por las cosas; es necesario creer aún que las palabras pueden atraparlas o al menos rozarlas; yo ya no tengo ese interés ni esa fe...

Los dos mayores sabios de las postrimerías de la Antigüedad: Epicteto y Marco Aurelio, un esclavo y un emperador.

He leído unos poemas de Alexandre Blok. ¡Ah! ¡Qué próximos me resultan esos rusos! Mi forma de aburrimiento es totalmente eslava. ¡Sabe Dios de qué estepa procederían mis antepasados! Llevo dentro de mí —como un veneno— el recuerdo hereditario de lo ilimitado.

Además, soy como los sármatas, un hombre con el que no se puede contar, un individuo equívoco, sospechoso e inseguro, con una duplicidad tanto más grave cuanto que es desinteresada. Miles de esclavos claman en mí sus opiniones y sus dolores contradictorios.

La persistencia en mí de las visiones macabras me aproxima para siempre a los padres del desierto. Un eremita en pleno París.

Para crear una obra, hace falta un mínimo de fe... en nosotros mismos o en lo que hacemos. Pero, cuando dudamos de nosotros mismos y de nuestras empresas, ¡hasta el punto de que esa duda se eleva al rango de creencia! Fe negativa y estéril que no conduce a nada, sino a complicaciones sin fin o a gritos sofocados.

París: insectos comprimidos en una caja. Ser un insecto *célebre*. Toda gloria es ridícula; quien a ella aspira ha de tener en verdad el gusto de la decadencia.

Tener la sensación obsesiva de nuestra nada no es ser humilde, ni mucho menos. Un poco de humildad, un poco de humildad, me haría falta más que a nadie. Pero la sensación de mi nada me hinche de orgullo.

Debo forjarme una sonrisa, armarme con ella, ponerme bajo su protección, tener algo que interponer entre el mundo y yo, camuflar mis heridas, aprender por fin a llevar la máscara.

Desde hace meses, vivo todos mis momentos de angustia en compañía de Emily Dickinson.

La abdicación de Carlos V es el momento de la Historia más caro a mi corazón. En Yuste viví, literalmente, en compañía del emperador gotoso.

Mi artículo sobre la Utopía, publicado en el número de julio de la *NRF*, es tan malo, que he tenido que acostarme... de desesperación. No puedo escribir sin excitantes y los tengo prohibidos. El café es el secreto de todo.

22 de agosto
No se me oculta que en todo lo que hago hay una mezcla de periodismo y metafísica.

He releído unas páginas de mis pobres *Silogismos;* son restos de sonetos, ideas poéticas aniquiladas por la burla.

Un filósofo es un hombre *que se lanza*, pero yo, trabado por mil dudas, ¿qué puedo afirmar? ¿Hacia dónde puedo precipitarme? El escepticismo agota el vigor del espíritu o, mejor dicho, un espíritu agotado cae en el escepticismo y se entrega a él por esterilidad, por vacío.

¡Qué horror tengo a la carne! Una suma infinita de caídas, el modo como se realiza nuestra decadencia cotidiana. Si hubiera un dios, nos habría dispensado de la carga que entraña almacenar podredumbre, arrastrar un cuerpo.

«Weltlosigkeit»:[1] otra palabra cara a mi corazón, intraducible como todas las palabras extranjeras que me seducen y me llenan.

12 de enero de 1959

Muerte de Susanna Socca.[2]

I am not sorrowful but I am tired
Of everything that I ever desired.[3]

¡Cuántas veces, Dios del Cielo, no me he repetido esos versos de Dowson! Mi vida está llena de ellos.

Si el español sale de lo sublime, resulta ridículo.

Desde hace veinticinco años, vivo en hoteles. Entraña una ventaja: no estás fijo en ninguna parte, no te apegas a nada, llevas una vida de *transeúnte*. Sensación de estar siempre *a punto de partir*, percepción de una realidad sumamente provisional.

26 de marzo de 1959

¡Segunda gripe en tres meses! Agotamiento total, opresión, imposibilidad casi total de respirar. ¿Habré

---

1. Literalmente, «ausencia del mundo».
2. Véase «Ella no era de aquí...» en Cioran, *Ejercicios de admiración,* Tusquets Editores, col. Marginales, n.º 117, Barcelona, 1995, págs. 199-200.
3. «No estoy triste, estoy cansado / De todo lo que siempre deseé.»

pasado ya al otro lado? ¡Llevo tantos años con la carga de mi cuerpo! Si algo he comprendido alguna vez en mi vida, se lo debo a mis enfermedades. Siempre he estado a medias enfermo, incluso cuando tenía buena salud.

Crisis de llanto. Acabo de leer un libro malo sobre Mademoiselle de Lavallière. La escena de la cena con el rey y Madame de Montespan, antes de la partida para el convento, me ha trastornado... Todo me trastorna, cierto es. La debilidad extrema nos separa de todo y, paradójicamente, confiere al mismo tiempo un sentido extraordinario a cosas de nada o a acontecimientos pasados y que carecen de significado directo para nuestra vida. Me apiado de cualquier cosa, tengo estremecimientos de niña. Tal vez sea también por una imposibilidad de llorar por mí mismo.

¡Los nervios deshechos ya a los diecisiete años! ¡Cuesta creer que haya podido resistir hasta ahora!

Desde los diecisiete años padezco una enfermedad secreta, inapreciable, pero que ha arruinado mis pensamientos y mis ilusiones: un hormigueo en los nervios, noche y día, y que, exceptuadas las horas de sueño, no me ha permitido ni un momento de olvido. Sensación de padecer un tratamiento eterno o una tortura eterna.

He leído demasiado... La lectura ha devorado mi pensamiento. Cuando leo, tengo la impresión de «hacer» algo, de justificarme ante la sociedad, de tener un empleo, de escapar a la vergüenza de ser un ocioso... un hombre inútil e inutilizable.

Jardín Botánico. Cada vez más fascinado por los reptiles. Los ojos de las serpientes pitón. No hay animal más misterioso, más alejado de la vida. Todos ellos se remontan al fin del Caos. Sensación de dar un salto hacia atrás, de volver a la eternidad.

Un vagabundo, al que estimo por sus taras y su desequilibrio, que lleva años durmiendo al aire libre, me decía el otro día: «Soy libre en grado sumo».

El Mal es en la misma medida que el Bien una fuerza creadora. Ahora bien, es el más activo de los dos. Pues con demasiada frecuencia el Bien haraganea.

29 de noviembre de 1959
Nada hay más decepcionante, frágil y falso, que una inteligencia brillante. Son preferibles las aburridas: *respetan* la trivialidad, lo que de eterno tienen las cosas o las ideas.

El tipo de hombre al que admiro: Rancé.

Tácito, mi escritor preferido. Ratifico enteramente el juicio de Hume, quien lo consideraba la inteligencia más profunda de la Antigüedad.

Lo que ha falseado todo ha sido la cultura histórica. Ya no se hacen preguntas sobre Dios, sino sobre las *formas* de dios; sobre la sensibilidad y la experiencia religiosa y no sobre el *objeto* que justifica una y otra.

Ante cada insulto, oscilamos entre la bofetada y la puntilla y esa oscilación, que nos hace perder un tiempo precioso, consagra nuestra cobardía.

No pedimos la libertad, sino la *ilusión* de la libertad. La Humanidad se debate desde hace milenios por esa ilusión.

Por lo demás, como la libertad es, según se suele decir, una *sensación*, ¿qué diferencia hay entre *ser* libre y *creerse* libre?

La tentación de la gloria es lo que arruinó el Paraíso. Siempre que queremos salir del anonimato, símbolo de la felicidad, cedemos a las sugestiones de la serpiente.

19 de diciembre de 1959
Comprendo a los místicos, pues, igual que ellos exactamente, me roe la concupiscencia, al tiempo que detesto la carne. Los tormentos de la sensualidad, las tentaciones, pueden matarnos.

Y, en efecto, la amplitud y la profundidad de una inteligencia se calibran por los sufrimientos que ha aceptado para adquirir la sabiduría. Nadie *sabe* sin haber pasado por duras pruebas. Una inteligencia sutil puede ser perfectamente superficial. Hay que *pagar* por el menor paso encaminado a la sabiduría. (Utilizar esto para distinguir a los moralistas: Pascal, por un lado; Montaigne, por el otro.)

1 de enero de 1960
Llevo años sin leer a Baudelaire, pero pienso en él como si lo leyera todos los días. ¿Será porque sólo él fue —me parece— más lejos que yo en la experiencia de la melancolía?

Nada puede echar a perder a alguien, salvo el éxito. La gloria es la peor forma de maldición que puede caer sobre una persona.

Era al pie de los acantilados de Varengeville. Delante de aquel alarde de roca, tuve hasta el espanto la percepción de la fragilidad, de la inexistencia, de toda carne. Y del ridículo de la vida. ¡Cómo nos falta la permanencia! Nunca olvidaré esa revelación, de una intensidad aún inalcanzada hasta entonces.

Albert Camus se ha matado en un accidente de coche. Ha muerto en el momento en que todo el mundo —y tal vez él mismo también— sabía que ya nada tenía que decir y viviendo tan sólo podía perder su desproporcionada, abusiva —ridícula incluso—, gloria. Inmensa pena al enterarme de su muerte, anoche, a las 23 horas, en Montparnasse. Un excelente escritor menor, pero que fue grande por haber carecido totalmente de vulgaridad, pese a todos los honores que cayeron sobre él.

Sólo hablé con Camus una vez, en 1950, creo; he hablado mal de él muchísimo y ahora me siento presa de un remordimiento terrible e injustificado. Ante un cadáver, sobre todo cuando es respetable, me siento impotente. Tristeza incalificable.

Adondequiera que vaya, la misma sensación de no pertenecer, de juego inútil e idiota, de impostura, no en los otros, sino en mí: finjo interesarme por lo que nada me importa, desempeño constantemente un papel por apatía o para salvar las apariencias, pero no lo siento, porque lo que me es caro está en otra parte. Proyectado fuera del paraíso, *¿dónde* encontraré mi lugar, dónde un hogar? Desposeído, mil veces desposeído. Hay en mí como un *hosanna* fulminado, himnos reducidos a polvo, una explosión de pesadumbres.

Un hombre para el que no hay patria aquí abajo.

No pierdas el tiempo criticando a los otros, censurando sus obras; haz la tuya, dedícale todas tus horas. El resto es fárrago o infamia. Sé solidario con lo que es verdad en ti e incluso eterno.

Ninguna clase de originalidad literaria es posible aún, mientras se respete la sintaxis. Si se quiere sacar algo de la frase, hay que triturarla.

Sólo el pensador debe atenerse a las viejas supersticiones, al lenguaje claro y a la sintaxis convencional. Es que la originalidad *por el fondo* entraña las mismas exigencias que en tiempos de Tales.

La negación entraña para mí tal prestigio, que, al separarme del resto de las cosas, ha hecho de mí una persona limitada, terca, impedida. Igual que algunos viven presa del encanto del progreso, yo vivo presa del No. Y, sin embargo, comprendo que se pueda decir «sí», acceder a todo, aunque semejante hazaña, que admito en los otros, exija por mi parte un salto del que actualmente no me siento capaz. Es que el No ha entrado en mi sangre, después de haber pervertido mi espíritu.

James Joyce: el hombre más orgulloso del siglo, porque quiso —y en parte alcanzó— lo imposible con el empecinamiento de un dios loco y porque nunca transigió con el lector y no estaba dispuesto a ser legible a toda costa. Culminar en la oscuridad.

Nunca he pronunciado ni escrito la palabra *soledad* sin sentir fruición.

Sólo me entiendo a fondo con quienes, sin ser creyentes, han pasado por una crisis religiosa que los ha dejado marcados para el resto de sus días. La religión —en cuanto debate interior— es el único medio para horadar, para perforar, la capa de las apariencias que nos separa de lo esencial.

De repente, felicidad sin límites, visión del éxtasis. Y ello después de haber visto a mi recaudador de contribuciones haber ido a hacer la cola en la Jefatura de Policía para recoger mi carnet de identidad, haber ido a ver a una enfermera para que me pusiese una inyección y todo por el estilo. Misterio de nuestra química interior, metamorfosis que confundiría a un demonio y pulverizaría a un ángel.

Dos épocas en las que me habría gustado vivir: el siglo XVIII francés y la Rusia zarista...
El aburrimiento elegante y el aburrimiento taciturno, crispado, infinito...

Mi artículo sobre el rencor es lo más valiente que he escrito sobre el prójimo y, de todas mis elucubraciones, las que han tenido menos eco... Nadie se ha reconocido en ellas. Es que el espejo carecía de fallo alguno.

Francia: país de aficionados y —aspecto positivo de su diletantismo— el único lugar del mundo en el que aún cuenta el *matiz*.

B.: fue un muchacho que, cuando era pobre, me hablaba de la inanidad de la vida y, ahora que es rico, sólo sabe contar marranadas. No se puede traicionar impunemente a la miseria. Toda forma de posesión es causa de muerte espiritual.

Unos buscan la gloria; otros, la verdad. Yo me atrevo a situarme entre los segundos. Una tarea irrealizable ofrece más seducción que un objetivo asequible. ¡Qué humillación proponerse la aprobación de los hombres como objetivo!

La cercanía de la primavera disuelve mi cerebro. Es la estación que más temo. Sensación de melodía helada; alma muda, postrada, en la que se apagan mil llamadas.

Debería escribir un *Tratado de las lágrimas*. Siempre he sentido una inmensa necesidad de llorar (en lo que me siento tan próximo a los personajes de Chéjov). Lamentarlo *todo* mirando el cielo fijamente durante horas... a eso dedico mi tiempo, cuando esperan de mí trabajos y por todos lados me instan a la actividad.

Casi todos mis amigos son unos desollados, de una susceptibilidad enfermiza. Pensando en ellos escribí sobre el rencor. ¿Habré generalizado demasiado al hacer de él una dimensión común a todos los hombres? No lo creo.

Sólo hay una nostalgia: la del Paraíso. Y tal vez la de España.

He sufrido demasiado como para sentir de verdad grandes pasiones. Mis males han ocupado su lugar.

Soy un obseso, no cabe duda, y, sin embargo, no me gustan las mentes que insisten.

Nunca trabajar en lo esencial; comportarnos como si tuviéramos cuentas que rendir a un dios inteligente; llevar el prurito de probidad intelectual hasta la manía del escrúpulo.

X: ¿por qué está *loco?* Porque no disfraza, porque no puede disfrazar nunca su *primer* impulso. Todo en él está en estado bruto, todo en él evoca el impudor de la naturaleza verdadera.

Contra el pensamiento *disperso.* Me gustaría vivir en una sociedad de faquires, de hombres que actúan *sin moverse* y que tienen tanto más dominio sobre este mundo en la medida en que se alejan de él, no se adhieren a él.

Disponer de una inmensa voluntad, sin dirigirla hacia el acto, de una energía desmesurada y, en apariencia, no utilizada...

Nunca he podido entusiasmarme por causas destinadas al éxito. Mi predilección se inclinaba siempre por las que me parecían secretamente condenadas. Siempre he estado, por instinto, de parte de los perdedores, aunque su causa no fuera válida. La tragedia es preferible a la justicia.

Siempre he vivido como un *transeúnte*, con la voluptuosidad de no poseer; nunca hubo objeto alguno que fuera *mío* y me horroriza lo *mío*. Me estremezco de horror cuando oigo a alguien decir *mi* mujer. Soy metafísicamente soltero.

Poseer —*besitzen*— es el verbo más execrable que existe. En los monjes me atraen incluso sus facetas repulsivas y bien sabe Dios que no carecen de ellas.

Deberíamos poder renunciar a todo, incluso a nuestro *nombre*, arrojarnos al anonimato con pasión, con furia. La renuncia es otra palabra para nombrar lo absoluto.

Entwerden, sustraerse al futuro: la palabra alemana más bella, la más significativa que conozco.

Lo *vivo* me da miedo: lo vivo, es decir, todo lo que *se mueve*.

Siento una inmensa piedad por todo lo que no es materia, pues siento hasta el sufrimiento, hasta el desespero, la maldición que pesa sobre la vida en *cuanto vida*.

Lo que se me podría reprochar es cierta complacencia en la decepción, pero, ya que todo el mundo gusta del éxito, es necesario, aunque sólo sea por prurito de simetría, que haya quienes se inclinen hacia la derrota.

20 de julio de 1960
Desde hace diez años, he soñado con tener un piso. Mi sueño se ha realizado, sin aportarme *nada*. Ya añoro los años pasados en hoteles. La posesión me hace sufrir más que la indigencia.

En realidad, ¡vivo en hoteles desde 1937!

Quienes dicen que todas las aberraciones contemporáneas y todos los excesos que ha conocido nuestro siglo son debidos a nuestro alejamiento de Dios olvidan demasiado deprisa que la Edad Media fue aún más cruel que nuestra época y que la fe, lejos de atenuar nuestra ferocidad, la exacerba más. Pues toda fe es pasión y pasión significa deseo tanto de sufrir como de hacer sufrir. En cuanto dejamos de ser objetos y de ceñirnos a la materia, al indiferente y frío universo, caemos en las locuras y la desmesura del alma que es *fuego* y que sólo existe en la medida en que se devora.

Arrastrarse despacio como un caracol y dejar su rastro, con modestia, aplicación y, en el fondo, indiferencia... con la voluptuosidad tranquila y el anonimato.

Cuanto más pienso en la vida como fenómeno distinto de la materia, más me espanta: no se apoya en nada, representa una improvisación, un intento, una aventura, y me parece tan frágil, tan inconsistente, tan desprovista de realidad, que no puedo reflexionar sobre ella y sus condiciones sin sentir un escalofrío de terror. Es un mero espectáculo, una fantasía de la materia. Si supiéramos hasta qué punto somos irreales, dejaríamos de ser. Si queremos vivir, debemos abstenernos de pensar en la vida, de *aislarla* en el universo, de querer delimitarla.

Soy el resultado de herencias contradictorias, reconozco en mí el carácter de mi padre y mi madre, sobre todo el de mi madre, vanidosa, caprichosa, melancólica. Además, como no siento la menor inclinación a allanar mis incompatibilidades (o, mejor dicho, las suyas en mí), las he cultivado, al contrario, las he exasperado y motivado.

Desde mi antiguo entusiasmo (muy superado ahora) por Rilke, nunca me había atraído tanto un poeta como Emily Dickinson. Si hubiera tenido la audacia y la energía para abrazar completamente mi soledad, su mundo, que me resulta familiar, y lo sería aún más. Pero con demasiada frecuencia he dejado de hacerlo, ya fuera por apatía, frivolidad o incluso miedo. He escamoteado más de un abismo, por una combinación de cálculo e instinto de conservación. Pues me falta el valor para ser poeta. ¿Será por haber reflexionado demasiado sobre mis gritos? Mi raciocinio me ha hecho perder lo mejor de mí mismo.

Igual que algunos recuerdan con precisión la fecha de su primer ataque de asma, yo podría indicar el momento de mi primer ataque de aburrimiento, a los cinco años. Pero, ¿para qué? Siempre me he aburrido enormemente. Recuerdo ciertas tardes, en que, cuando estaba solo en casa, en Sibiu, me tiraba al suelo, presa de un vacío intolerable. Entonces era adolescente, es decir, que vivía con mayor intensidad aquellos humores negros que ensombrecían a veces mi infancia, tan feliz. Aburrimiento terrible, *generalizado*, en Berlín, en Dresde sobre todo, en París después, sin olvidar el año que pasé en Brasov, donde escribí *Lacrimi si Sfinti*, del que Jenny Acterian me dijo que era el libro más triste jamás escrito.[1]

No hay sentimiento más disolvente. No sólo te hace comprender la insignificancia universal, sino que, además, te impulsa a ahogarte en ella. Sensación de zozo-

1. *Lacrimi si Sfinti*, publicado en Bucarest en 1937. Traducción española *De lágrimas y de santos*, Tusquets Editores, col. Marginales, n.º 100, Barcelona, 1998.

brar, de hundirte sin remedio, sin remisión, de tocar el fondo de la *nada*; infinito negativo, que desemboca siempre sobre uno mismo, éxtasis de la nada, atolladero en el... desierto.

Ante el teléfono, ante el automóvil, ante el menor instrumento, siento un invencible arranque de asco y horror. Todo lo que ha producido el genio técnico me inspira un terror casi sagrado. Sentimientos de desarraigo total delante de todos los símbolos del mundo moderno.

Siento la voluptuosidad del trazo. Eso es lo que me atrae tanto del siglo XVIII.

Sé a qué se debe mi ineptitud para la sensatez —a ese deseo de proclamar, a esos discursos mudos que pronuncio ante muchedumbres imaginarias, a esos ataques de megalomanía que envenenaron mi juventud— y sufro el pesado regreso a cada momento de vehemencia o fatiga. Un veleidoso del escepticismo, un mirón de la sensatez. Y un frenético que vive en la interminable poesía del fracaso.

Para olvidar esas penas y apartarse de las obsesiones fúnebres, nada hay como el trabajo manual. Me he entregado a él durante unos meses, haciendo chapuzas, con el mayor provecho. Hay que fatigar el cuerpo para que la mente no tenga ya de dónde sacar la energía para ejercerse, divagar o ahondar.

¡La extraordinaria lengua rumana! Siempre que vuelvo a sumirme en ella (o, mejor dicho, que pienso en hacerlo, pues he cesado, ¡ay!, de practicarla), tengo la sensación de haber cometido una infidelidad criminal, al apartarme de ella. La posibilidad que brinda de atribuir a cada palabra un matiz de intimismo, de formar un diminutivo; la propia muerte se beneficia de esa suavización: «*mortisoara*»... Hubo un tiempo en que yo sólo veía en ese fenómeno una tendencia al empequeñecimiento, al menoscabo, a la degradación. Ahora me parece, al contrario, una señal de riqueza, como una necesidad de conferir un «suplemento de alma» a todo.

Cuanto más avanzo en edad, más siento la profundidad de los lazos que me unen a mis orígenes Mi país me obsesiona: no puedo separarme de él ni olvidarlo. En cambio, mis compatriotas me decepcionan y me exasperan; no puedo soportarlos. No nos gusta ver nuestros defectos en los demás. Cuanto más los frecuento, más distingo mis taras en ellos: cada uno de ellos me resulta un reproche y como mi caricatura manifiesta.

Hace dos meses que no he escrito una palabra. Mi vieja pereza me sumerge de nuevo. Mis únicas actividades son la pesadumbre y el remordimiento. Cada día me hunde un poco más en el desprecio de mí mismo. Ideas que se deshilachan, proyectos que desecho en cuanto los concibo, sueños que pisoteo con encono, con sistema. Y, sin embargo, no ceso de pensar en el trabajo y siempre veo en él mi único medio de salvación. Si no logro rehabilitarme ante mí mismo, me pierdo sin recurso. He visto demasiados fracasados a mi alrededor como para no temer llegar a ser uno de ellos. Pero tal vez lo sea ya...

¡Nada hay que se parezca más a la gloria que París! ¡Y pensar que yo aspiré a esto! Estoy curado para siempre. Y es el único *progreso* de verdad del que puedo felicitarme después de tantos años de titubeos, fracasos y deseo. Trabajar con vistas al anonimato, afanarme por eclipsarme, cultivar la sombra y la oscuridad: ése es mi único propósito. ¡Regreso a los eremitas! Crearme una soledad, elaborar en el alma un convento con los restos de ambición y orgullo que poseo.

No soy escritor, no encuentro las palabras idóneas para lo que siento, para lo que soporto. El «talento» es la capacidad de colmar el intervalo que media entre una dura prueba y el lenguaje. Para mí, ese intervalo está ahí, abierto, imposible de colmar o escamotear. Vivo en una tristeza automática, soy un robot elegiaco.

Sólo estimo una inteligencia en la medida en que no concuerda con su época, como también admiro sólo a quien la abandona, mejor aún: quien es traidor al tiempo y a la Historia.

Todo lo que me impide trabajar me parece bien y cada uno de mis instantes es una escapatoria.
Si me examino sin complacencia, la huida de la responsabilidad, el miedo a tenerla, aunque sea ínfima, me parece el rasgo dominante de mi carácter. Soy desertor en el alma. Y no por casualidad veo en el abandono, en todo, la marca distintiva de la sabiduría.

Independientemente de las reservas que abrigo sobre el cristianismo, no puedo negar que en un aspecto —capital donde los haya— tiene razón: el hombre no es dueño de su destino y, si hay que explicarlo todo con él, nada se puede explicar. La idea de una *mala* providencia se abre paso cada vez más en mi mente y, si se quiere comprender la desconcertante trayectoria del hombre, hay que recurrir a ella.

He leído un número apreciable de memorias sobre el estado de cosas de antes de la Revolución: todos esos libros me han convencido de que era necesaria e inevitable; he leído casi tantos sobre la Revolución misma y la he execrado... con pesar.

Muerte de N.J.H. Resulta imposible «asimilar» la muerte de un amigo. Es una noticia terrible que se queda fuera de nuestra mente, que no puede entrar en ella, pero se insinúa lentamente en nuestro corazón, como una pena inconsciente.

Para algunos, entre los que me cuento, separarse de España es separarse de sí mismos.

Hay noches en blanco que ni el más *capaz* de los verdugos habría podido inventar. Sales de ellas hecho polvo, alucinado, estúpido, sin recuerdos ni presentimientos y sin saber quién eres. Y entonces la luz parece tan inútil como perniciosa, peor incluso que la noche.

En las montañas de Santander, una aldea perdida. En la taberna, unos pastores rompieron a cantar. En la Europa occidental, España es el último país que aún tiene alma.

Todas las hazañas y los incumplimientos de España han pasado a sus cantos. Su secreto: la nostalgia *como saber*, la ciencia de la añoranza.

Sólo puedo interesarme con pasión por Dios y lo infinitamente mezquino. Lo que se sitúa entre los dos —los asuntos *serios*— me parece improbable e inútil.

Chéjov: el escritor más desesperado que haya existido jamás. Durante la guerra, yo prestaba sus libros a Picky P., gravemente enfermo, quien me suplicó que no le diera más, porque, con sólo leerlos, perdía el valor para resistir sus males.

Mi *Breviario:* es el mundo de Chéjov degradado a la categoría de ensayo.

Nunca he escrito una línea sin sentir *después* un embarazo, un malestar intolerable, sin dudar radicalmente de mis capacidades y mi «misión». Ninguna persona clarividente debería tomar la pluma... a menos que le gustara torturarse. La confianza en sí mismo equivale a la posesión de la «gracia». Que Dios me ayude a creer en mí mismo. ¿No se deberán las *conversiones* a la imposibilidad de soportar por más tiempo la lucidez? ¿No serán propias de desollados... de sus demasiado frecuentes regresos a sí mismos? El infierno de conocerse, que ni el oráculo ni Sócrates adivinaron.

El empeño de Lucrecio en probar que el alma es mortal, el encono de Lutero contra la libertad: habría que buscar sus razones, sus intríngulis. Voluntad de autoexterminio, deseo de humillación. Me gusta toda forma de violencia *contra uno mismo*.

Oído en el mercado. Dos gruesas ancianas a punto de concluir su conversación. Una de ellas dice a la otra: «Para estar tranquilo, no hay que salirse de la vida normal».

Resulta significativo que uno de los enemigos más virulentos de Buda fuera alguien que lo conoció bien, algo así como un amigo de la infancia. ¿Cómo admitir la gloria (y, con mayor razón, la santidad) en alguien que era tan anónimo como nosotros?

7 de abril de 1962
He oído en la radio música zíngara húngara. Hacía años que no la oía. Vulgaridad desgarradora. Recuerdos de borracheras en Transilvania. El inmenso aburrimiento que me impulsaba a beber con cualquiera. En el fondo, soy un «sentimental», como todos los tipos de la Europa central.

Paradoja incalificable: estoy preparando un ensayo sobre la... gloria, en el momento mismo en que mi ineficacia, mi apatía y mi decadencia han alcanzado su punto máximo, en que he agotado hasta mis posibilidades de despreciar, en que, en una palabra, me he rechazado a mí mismo y me considero un indeseable.

El diablo no es escéptico: niega, no duda; puede querer inspirar la duda, pero él mismo está exento de ella. Es un espíritu activo. Pues toda negación entraña acción.
Se puede hablar de los abismos de la duda, no de los de la negación.
La situación del escéptico es menos favorable que la del demonio.

Cambio de mesa, de silla, de cuarto cada cinco minutos —digamos, por no ser tan estrictos, cada hora— como si buscara un lugar *ideal* para trabajar, pues aquel en el que estoy nunca me parece el bueno; esa agitación ridícula me aflige hasta grados indecibles. ¡Llegar a esto, Señor! ¡Y a la edad en que los otros se lanzan con alborozo a empresas a muy largo plazo! Mejor morir que seguir así. (7 de mayo de 1962.)

Cuando ya no se cree en el amor, aún se puede amar, igual que se puede combatir sin convicciones. Sin embargo, en uno y otro caso, algo se ha roto. Un edificio en el que la fisura equivale al estilo.

Correspondencia de Hegel. ¡Qué decepción! La verdad es que mi ruptura con la filosofía se agrava. Y, además, ¡vaya una idea la de leer las cartas de un profesor!

He visto *La sonata de los espectros* (en sueco) en el Théâtre des Nations. Es inadmisible que conozca tan mal a Strindberg, uno de los pocos que aún tienen algo que enseñarme en punto a horror de la vida.

Emitir un juicio moral sobre los demás constituye casi siempre una señal de bajeza. Sólo los dioses —¡y con reparos!— tienen derecho a sopesar nuestros actos.

Después de las mil dudas por las que he pasado, tengo mérito en haber llegado a la conclusión de que la única realidad está en nosotros.

Mi posición «filosófica» se sitúa en algún punto entre el budismo y el Vedanta.

Sin embargo, por todas mis «apariencias» pertenezco a Occidente. ¿Por mis apariencias sólo? Por mis taras también. Y de estas últimas procede mi incapacidad para optar por un sistema, para encerrarme en una definición o en un sistema salvífico.

He vuelto a sumergirme en el *Memorial* de Las Cases, después de haber releído los *Pensamientos*. ¡Pascal y Napoleón! Necesito luchar contra uno gracias al otro.

Me encuentro en la imposibilidad de escribir. El Yo es un muro contra el que choco, que se me resiste y se alza ante mí. Sin embargo, sé muy bien de lo que quiero hablar, tengo el tema, vislumbro el dibujo del conjunto. Pero lo que me falta es la expresión, nada puede salvar la barrera del Verbo. Nunca he experimentado una parálisis semejante y que me afecta hasta la deses-

45

peración y, peor aún, hasta el asco. Hace seis meses que emborrono papel sin haber escrito una *sola* página que no me haga sonrojarme. No voy a leer una línea más de filosofía hindú: la meditación sobre «la renuncia al fruto del acto» es la que me ha conducido a esto. ¡Si al menos hubiese ejecutado un acto cualquiera! Mi obstinación, ¡ay!, *precede* incluso a mis veleidades.

Para hacer algo, tengo que renunciar a imponerme tipo alguno de sabiduría. No puedo luchar indefinidamente contra mi carácter. Lo violento total e inútilmente al querer adquirir la sabiduría. Estoy hecho para desencadenarme, no para vencerme.

Ayer vislumbré en el teatro a la *** con su *gigolo*. Estaba horrible con su monstruosa cara, que habría exigido una peluca para estar soportable. Me ha obsesionado toda la noche. Antes que acostarme con ella, preferiría pasar diez horas en el dentista.

Un entierro en un pueblo de Normandía. Pido detalles a un campesino. «Era joven, apenas sesenta años. Lo encontraron muerto en el campo. ¿Qué le vamos a hacer? Es así.» Y repitió varias veces: «Es así». ¿Qué otra cosa habría podido decir? ¿Qué otra cosa se puede decir sobre la muerte? «Es así, es así.» Lo irreparable nos vuelve estúpidos.

En una comida, decía yo a un italiano que los latinos no valían gran cosa, que prefería a los anglosajones, que la mujer italiana, francesa o española, cuando escribe, no es nada en comparación con la inglesa. «Es verdad», me dijo. «Cuando narramos nuestras experiencias, no resulta nada, pues las hemos contado ante testigos al menos veinte veces.»

Los pueblos latinos son pueblos *sin secreto*. Un anglosajón suple con su timidez, con su comedimiento, su falta de talento. Un escritor que no es tímido en la vida no vale nada.

No creo que se pueda llegar más lejos que yo en la falta de inspiración. Un soplo de esterilidad ha devastado mi mente y se lo ha llevado todo, dejándome *solo*, en compañía de un tropel de pesares.

Por mucho que me remonte en el pasado, siempre he sentido auténtico terror ante todo acto de responsabilidad. Mi contrario: el ejercicio de la autoridad. Tanto en la escuela primaria como en el instituto, obligaba a hacer gestiones a mis padres para que no me hicieran «monitor». Aún ahora, la idea de que alguien pueda depender de mí o de que sea yo responsable de la «vida» de otro me vuelve loco. El matrimonio me ha parecido siempre una aventura desproporcionada para mis fuerzas morales.

¡Qué enojosa costumbre tengo de pensar *contra* alguien o *contra* algo! ¿Acaso no se debe esa necesidad de disputar con los medios intelectuales a una maldad insatisfecha e incluso a una cobardía en mi vida? Lo que es seguro es que, con la pluma en la mano, tengo un valor que nunca recobro ante el enemigo.

La historia de Francia: una historia por *encargo*. Todo es perfecto en ella... desde el punto de vista teatral. Es una historia *interpretada*. Acontecimientos para espectadores. A eso se debe que Francia haya gozado durante diez siglos de una increíble actualidad, de una boga perpetua.

Caroline von Günderode. Nadie ha pensado en ella tanto como yo. Me he saciado con su suicidio.

Cuanto más envejezco, más rumano me siento. Los años me devuelven a mis orígenes y me sumergen de nuevo en ellos. ¡Y cómo comprendo ahora, cómo «disculpo», a aquellos antepasados a los que tanto denigré! Y pienso en un Panaït Istrati, que, después de haber conocido una gloria mundial, volvió a morir allí.

La otra mañana, fui (como todos los días) al mercado. Después de haberlo recorrido tres veces, lo abandoné sin poder decidirme por nada. Nada me tentaba, nada me decía nada. La elección en todo ha sido mi azote durante toda mi vida.

Desde que sigo un régimen alimentario bastante estricto, y peno una vida regular, ya no hago nada bien. Cinco años de esterilidad, cinco años de *razón*. Mi mente sólo funciona gracias al desorden y a alguna intoxicación. Pago caro el abandono del café.

17 de agosto de 1962

Acabo de pasar tres semanas en Austria, principalmente en Burgenland, en Neusiedlersee, en *Rust*. He sido casi feliz allí. Moverse, caminar: para mí la felicidad consiste en la fatiga física, en la imposibilidad de reflexionar, en la abolición de la conciencia. En cuanto dejo de moverme, vuelvo a ser presa de una melancolía insoportable.

Debería haber seguido siendo un «niño de la naturaleza». ¡Qué castigo el sufrido por haber traicionado mi infancia!

Llega un momento en que ya no nos resulta posible ocultarnos las consecuencias de nuestras teorías. Todo lo que hemos expuesto, ya fuera por necesidad interior o por espíritu de paradoja, pasa a ser el elemento mismo de nuestra vida. Y entonces es cuando añoramos las ilusiones que hemos destruido y que nos gustaría restablecer. Pero es demasiado tarde.

No puedo por menos de pensar en Austria, que ya no es sino la sombra de sí misma. Por lo demás, sólo me atraen los países regidos secretamente por un principio de falta de vida. No fue una simple casualidad que yo naciera en un Imperio que se sabía condenado.

El gemido del viento en la chimenea me evoca el paseo que di por los *moors*, en Haworth, tras las huellas de Emily Brontë.

Y pienso en los *moors* de Cornualles. ¿Hay en el mundo desolación más fascinante?

Nada hay más estéril que llorar indefinidamente a los desaparecidos. Mirad el rostro de un muerto: ya no forma parte de este mundo. Es que precisamente *mira* a otra parte, se ha separado de nosotros. Hay una deformación mórbida (y un punto de cobardía) en la imposibilidad de olvidar. Las penas interminables —como el remordimiento, por lo demás— son señales de una vitalidad agotada. Prueban, en todo caso, que quien se entrega a ellas ha renunciado a tener la menor *misión* aquí abajo.

4 de septiembre
Hoy he pasado horas buscando una definición del infierno y no he encontrado ninguna satisfactoria. Es cierto que en este caso no se trataba del infierno cristiano, sino de una experiencia personal, de la que el diablo y Dios estaban ausentes.

Debía yo de tener dieciséis años cuando comencé a desconfiar de la vida. No ceso de asombrarme de que haya podido llegar a los cincuenta con disposiciones tan poco favorables para la ilusión.

El apego a las personas es la causa de todos nuestros sufrimientos, pero está tan anclado en nosotros, que, si cede, toda la economía de nuestro ser resulta desequilibrada.

Cuanto más lo pienso, más opuesto me encuentro en todo a las ideas de Nietzsche. Cada vez me gustan menos los pensadores delirantes. Prefiero a los sabios y los escépticos, los *no inspirados* por excelencia, aquellos a los que ningún dolor excita ni trastorna. Me gustan los pensadores que evocan volcanes enfriados.

Sé por qué, a la edad a la que he llegado, prefiero leer a historiadores que a filósofos: es que, por aburridos que sean los detalles relativos a un personaje o a un acontecimiento, el desenlace de uno o de otro intriga necesariamente. Pero las ideas no tienen, ¡ay!, desenlace.

«El mar es mi confesor»: ¡cuánto me gustan estas palabras de Isabel de Austria!

6 de octubre de 1962
Un cielo azul, del que la vida no es digna. Inmunda procesión de coches a lo largo del Boulevard Saint-Germain. La multitud, no menos inmunda. En medio de ese espectáculo, las hojas que caían de los árboles daban una nota de poesía inmerecida, inactual, turbadora. Como del cielo, tampoco del otoño era digna la ciudad.

Leo en los *Tagebücher 1914-1916* de Wittgenstein: «*Die Furcht vor dem Tode ist das beste Zeichen eines falschen, d. h. Schlechten Lebens*».[1]
Se trata de una verdad que descubrí hace mucho (lamentablemente, pensando en mí).

---

1. «El miedo a la muerte es el mejor indicio de una vida falsa, es decir, mala.»

Lulu, de Alban Berg, sigue siendo para mí el descubrimiento musical más importante que he hecho estos últimos años.

Anoche, eran las 3 de la mañana y seguía aún despierto y sin poder dormir. Abrí el primer libro que me encontré: una antología de los moralistas. Leí unas páginas de La Bruyère... que me parecieron notables e incluso profundas. Podemos estar seguros de que un autor que *resiste* a esa hora nocturna es de primerísimo orden. Es menos amargo o, mejor dicho, menos sistemático en su amargura que La Rochefoucauld. Imagínese un intermediario entre éste y Pascal.

Siempre que veo a un alemán y hablo con él, me digo que ese pueblo no merecía dominar el mundo. El candor es una cualidad hermosa, pero no la idónea para la instauración de un imperio universal. Los alemanes carecen completamente de finura psicológica y, cuando son cínicos, lo son de forma grosera. A su lado, ¡cuánto más finos son los ingleses y los rusos: unos representantes del pasado y los otros del futuro!

La fidelidad es encomiable, pero tiene algo malo, nos ensucia. Ese deseo de revisar todas nuestras amistades y todas nuestras admiraciones, de cambiar de ídolos, de ir a rezar *a otra parte*, es lo que demuestra que aún tenemos recursos, ilusiones, en reserva.

Esta mañana, en el cementerio, incineración de Sylvia Beach. Durante una hora, Bach. El órgano da a la muerte un estatuto que ésta no tiene de forma natural. El órgano la transfigura o nos oculta esa miserable caída en lo inorgánico en la que hay algo espantoso y deshonroso; de todos modos, nos eleva por encima de la evidencia de nuestra destrucción. Nos impide mirarla de frente; la escamotea. Nos sitúa demasiado arriba, no nos permite estar al mismo nivel que la muerte.

Vivir es poder indignarse. El sabio es un hombre que ha dejado de indignarse. Por eso, no está por encima, sino *al lado*, de la vida.

Me impresiona ver hasta qué punto Santa Teresa insiste —y, en particular en sus *Fundaciones*—, en la importancia de la obediencia, que pone por encima de todo. La razón es que se trata de una virtud a la que el alma española no se siente inclinada por naturaleza. Por lo demás, se siente que la santa debió de desplegar no pocos esfuerzos para aprender a obedecer y que tenía todas las cualidades necesarias para hacer carrera en la insumisión y la herejía.

Cuando se quiere adoptar una decisión, lo más peligroso es consultar a otro. Aparte de dos o tres personas, no hay ninguna otra persona en el mundo que quiera nuestro bien.

Los sentimientos entre amigos son necesariamente falsos. ¿Cómo sentir apego sin segundas intenciones por alguien a quien se conoce demasiado bien?

Siempre que vuelvo a Proust, me siento irritado al principio, me parece que está anticuado y siento un deseo irreprimible: el de tirar el libro. Pero, al cabo de cierto número de páginas (y saltando ciertas escenas), el encanto vuelve a surtir efecto, aunque sólo sea por tal o cual hallazgo verbal o tal o cual anotación psicológica. (Proust está enteramente en la línea de los moralistas franceses. Rebosa de aforismos: los hay en todas las páginas, en todas las frases incluso, pero son máximas arrastradas por un torbellino. Para que el lector las descubra, es necesario que se detenga y no se deje llevar demasiado por la frase.)

Resulta humanamente imposible perdonar unas palabras hirientes; se pueden olvidar... involuntariamente, claro está. Es lo que ocurre la mayoría de las veces. El instinto de conservación es la causa de los fallos de memoria.

El genio francés es el genio de la fórmula. Es un pueblo al que le gustan las definiciones, es decir, lo que menos relación tiene con las cosas.

Por mucho que me remonte en mi memoria, siempre he odiado a todos mis *vecinos*. Sentir a alguien viviendo al lado, al otro lado de la pared, oír el ruido que hace, percibir su presencia, imaginar su respiración: todo eso me ha vuelto loco siempre. Al prójimo, en el sentido físico de la palabra, no, nunca lo he amado, y, por lo demás, no se puede amarlo. Es esencialmente odiable... para todo el mundo. Y, si no se puede amar al prójimo al *que se conoce*, ¿qué sentido tiene amar al que no se conoce y del que nos hacemos una idea en abstracto? En resumen, se puede sentir por los hombres piedad, pero amor...

He intentado releer el *Fausto*, treinta años después. Sigue resultándome igualmente imposible: no consigo entrar en el mundo de Goethe. Sólo me gustan los escritores enfermos, heridos de una forma o de otra. Goethe sigue siendo para mí frío y envarado, alguien a quien no se nos ocurriría recurrir en un momento de angustia. No de él, sino de Kleist, es de quien nos sentimos próximos. Una vida sin fracasos importantes, misteriosos o sospechosos no nos seduce.

Siempre que he hablado de mis trastornos de todo tipo a alguien más o menos versado en psicoanálisis, la explicación que ha dado de ellos me ha parecido siempre insuficiente, por no decir nula. No «funcionaba», simplemente. Por lo demás, yo sólo creo en las explicaciones biológicas o teológicas de los fenómenos psíquicos. La bioquímica, por un lado... y Dios y el Diablo, por otro.

La única cosa que me precio de haber comprendido muy pronto, antes de cumplir los veinte años, es que no había que engendrar. A eso se debe mi horror del matrimonio, de la familia y de todas las convenciones sociales. Es un crimen transmitir las taras propias a una progenitura y obligarla, así, a pasar por las mismas duras pruebas que nosotros, por un calvario tal vez peor que el nuestro. Dar vida a alguien que heredaría mis desgracias y mis males es algo que nunca he podido consentir. Todos los padres son irresponsables o asesinos. Sólo los animales deberían dedicarse a procrear. La piedad impide ser «genitor»: la palabra más atroz que conozco.

Siento perfectamente que en el romanticismo alemán hay algo *falso* (debería decir *en los románticos),* pero me gusta precisamente, pues se trata de un fenómeno que me satisface. Quisiera estudiarlo y dedicarle todo mi tiempo, leer todas las cartas de la época, las de las mujeres en primer lugar. ¡Y yo que pensaba que se había acabado mi pasión por esas figuras a medias reales! El desequilibrio y un poco de declamación, ¡qué prestigio para mí!

Ayer, en la Samaritaine, una mujer, a mi lado, delante de la caja, olía tan mal, que estuve a punto de desvanecerme. Ningún animal ha desprendido jamás —estoy seguro— olor semejante. Si me encerraran con una mujer así, podrían sacarme cualquier secreto. Todo —el deshonor y la traición— antes que soportar *un* minuto de esa clase de pestilencia. Los verdugos carecen de imaginación.

Tengo algo de eslavo y de magiar, nada de latino.

¡Reumatismo, reumatismo! Hace treinta años que lo padezco. Ahora bien, es más que nada neuritis. Con los grandes fríos o los grandes calores, arrastro, muy en particular, la pierna izquierda. Cuando no me duele, una sensación de hormigueo muy irritante. Treinta años de conciencia del cuerpo. Mis «ideas» se resienten de ello, por no hablar de mis humores.

El gran arte consiste en saber hablar de uno mismo en un tono impersonal. (El secreto de los moralistas.)

Pobre del escritor al que yo haya admirado sobremanera. Mi admiración no tardará en convertirse en odio o asco. No puedo perdonar a aquellos que he convertido en mis ídolos. Tarde o temprano, me erijo en iconoclasta.

Me he acercado a algunos pretendientes a la sabiduría, que querían fundar «escuelas» para regenerar espiritualmente a la Humanidad. Todos eran desequilibrados de forma muy evidente. Ninguno de ellos había comprendido la necesidad de comenzar la obra de regeneración por y para sí mismo. En el fondo, lo que querían —de forma inconsciente, cierto es— era comunicar a los demás su desequilibrio, descargar sobre la Humanidad el exceso de contradicciones y deseos caóticos que los abrumaban.

Un libro sólo es fecundo y duradero, si se presta a varias interpretaciones diferentes. Las obras que se pueden definir son esencialmente perecederas.
Una obra vive por los malentendidos que suscita.

A los veinte años, yo leía a los filósofos, después,

hacia los treinta, a los poetas; ahora, a los historiadores.

¿Y los místicos? Siempre los he leído, pero desde hace un tiempo los leo menos. Tal vez un día me aparte de ellos por completo. Cuando has llegado a ser incapaz de experimentar, no ya un trance, sino una pizca de trance, ¿para qué correr tras el de los otros? He rozado —no, he conocido— el éxtasis tres o cuatro veces en mi vida; era al modo de Kirilov, no de los creyentes. Sin embargo, se trataba de experiencias divinas, ya que me situaban por encima de Dios.

Sólo he conocido a los hombres que en contacto con la religión, habían alcanzado —me parecía a mí— como una santidad: un periodista de provincias en Rumania y un diamantista argentino. El primero era unitario, el segundo, judío (había estado dos años en la India, lo habían marcado enormemente). Nadie me ha hablado de cosas religiosas con tanta pureza como ellos. Uno y otro desprendían una luz que nunca he vuelto a encontrar en otra parte.

El amor es un sentimiento totalmente anormal, ya que va acompañado de todos los estados turbios que suelen caracterizar a una mente trastornada: angustia, desesperación, desconfianza mórbida, relámpagos de felicidad, egoísmo llevado hasta la ferocidad, etcétera. Es una felicidad de furioso.

Lo que temo no es la muerte, sino la vida. Por mucho que me remonte en la memoria, siempre me ha parecido insondable y aterradora. Mi incapacidad para insertarme en ella. Miedo, además, de los hombres, como si perteneciera a otra especie. Siempre el sentimiento de que en ningún punto coincidían mis intereses con los suyos.

Rivarol, que tradujo el *Infierno*, reprocha a Dante haber escrito: «El aire estaba sin estrellas». La estética del XVIII alcanza un paroxismo de la antipoesía. Los estragos de Voltaire son increíbles.

Mi incapacidad para decir a la gente la verdad en la cara, mis cobardías, en una palabra, me han metido en más complicaciones que si hubiera sido un héroe moral. Me lanzo sobre el hombre en general, pero carezco de valor ante un individuo. Tengo un miedo terrible a herir y seguramente a ser herido yo mismo. Se puede ser pusilánime por exceso de sensibilidad.

El papel del insomnio en la Historia. De Calígula a Hitler. ¿Será la imposibilidad de dormir la causa o la consecuencia de la crueldad? El tirano *vela*, eso es lo que lo define propiamente.

Ocurre con la vida como con un texto en el que hemos trabajado intensamente, que quisiéramos mejorar aún más sin lograrlo, porque estamos hartos de él: ni una coma más que colocar. De nada sirve saber que es insuficiente e incompleto, no encontramos nada para forrarlo.

5 de marzo de 1963

Ayer escuché *La Pasión según San Juan:* satisfacción cercana al éxtasis. Al salir a la calle, ese contacto con lo innoble, con lo cotidiano, me hizo preguntarme si las tres horas «sublimes» que acababa de pasar no habrían sido una alucinación. Y, sin embargo, esas horas me habían infundido a la vez la certidumbre y la emoción de la suprema realidad.

Tengo que escribir un texto sobre el dolor. Veo claramente lo que he de decir al respecto... pero, ¿por qué decirlo? ¿Por qué no sufrir en silencio como los animales?

Maldecir la existencia no es un capricho en mí ni un hábito, sino una terapéutica. Me alivia, lo he experimentado un número incalculable de veces. Para no sucumbir a la angustia ni al horror, me dedico a execrar lo que causa una y otro.

En la época en que escribía en primera persona, todo salía solo: desde que desterré el «yo», la menor frase exige un esfuerzo y no siento la menor inclinación a producirla. La impersonalidad paraliza mi espontaneidad. Me cuento entre esas mentes —equívocas, a decir verdad— que sólo se sienten a gusto cuando hablan de sus preocupaciones o sus hazañas.

Los dos pueblos que más he admirado: los alemanes y los judíos. Esa doble admiración —que, después de

Hitler, es incompatible— me ha conducido a situaciones como mínimo delicadas y ha suscitado en mi vida conflictos que preferiría haberme evitado.

El razonamiento de Marco Aurelio, según el cual el hecho de que vivamos unos días o siglos no cuenta —ya que la muerte sólo nos arrebata el presente y no el pasado ni el futuro, que no nos pertenecen— no resiste al análisis ni a las exigencias profundas de nuestra naturaleza. Pero, ¡qué patéticos resultan los intentos por parte de la Antigüedad en sus postrimerías de minimizar la importancia de la muerte!

En punto a consuelo, sólo tenemos dos libros capitales: los *Pensamientos* del emperador romano y la *Imitación*. Resulta imposible no preferir la desolación del primero, pese a las promesas del segundo.

Todo lo malo y perecedero en Marco Aurelio procede del estoicismo; todo lo profundo y duradero, de su tristeza, es decir, del olvido de la doctrina. (Pascal ofrece un caso simétrico.)

Contar nuestras penas o simplemente nuestros fastidios a otro, incluso a un amigo, es una crueldad, es un gesto de verdugo. Hay que ser de un temple excepcional para poder dejarse devorar por el dolor... en silencio.

Habría que introducir la pena de muerte para la gente impuntual. Todo el mundo no padece —cierto es— angustia, pues la puntualidad es propia de un angustiado. Por llegar a la hora, yo sería capaz de cometer un crimen. Aunque sea un genio, quien no llega puntual a la cita queda «liquidado» para mí. Nunca emprenderé nada con él.

Estamos vivos en la medida en que concedemos una importancia desproporcionada a todos los actos de la vida; en cuanto advertimos el valor *exacto* de dichos actos, seguimos viviendo, pero hemos dejado de estar vivos.

En mi feliz infancia, conocí crisis de soledad y melancolía, cuyo recuerdo, perdido desde hace mucho, se anima de repente y revive a medida que avanzo en edad y conozco esos momentos en que los años se anulan de pronto y, en su lugar, surge la tristeza de mis comienzos.

¡Qué paradoja la de atormentarse *en francés*, sufrir en una lengua de gramático, en el idioma menos delirante que existe! ¡Sollozos geométricos!

Cuando te encuentras sumido en la inquietud, lo mejor es mezclarte con la multitud, observar los rostros, hacer observaciones indiferentes o descabelladas, ganar tiempo *sobre lo que más te importa*.

Esta mañana, en una estación de metro, un ciego —de verdad, estoy seguro— extendía la mano, había en su actitud, en su rigidez, algo que helaba, que cortaba la respiración. *Te comunicaba su ceguera*.

La cosa más difícil del mundo es hablar de uno mismo sin exasperar a los demás. Una confesión sólo es tolerable, si el autor se disfraza de pobre diablo.

La manía española de volver a abrir los ataúdes explica más de una laguna de la historia hispánica. El *esqueleto* no es una buena introducción al mundo moderno.

La razón por la cual nadie ve sus defectos —y sobre todo no un escritor— es ésta: cuando escribimos, aun sobre cosas insípidas, nos encontramos por fuerza en un estado de excitación que confundimos fácilmente con la inspiración; incluso para redactar una tarjeta postal, hace falta un mínimo de «calor» y, en cualquier caso, una falta de indiferencia, una pizca de ritmo. Como nada se hace en frío, en cuanto has ejecutado algo, te crees con... talento. Nadie llega a persuadirse de la nada de lo que hace. Toda forma de «creación» exige una participación de nuestro ser. Y no podemos concebir que lo que emana de nosotros no valga estrictamente nada.

Domingo por la tarde. Paseo por calles que conozco, ¡que recorro desde hace veinticinco años! Monotonía, desolación, fealdad. Vivir en una ciudad de la que no se puede extraer ya nada es un contrasentido y una tontería. He desgastado París tanto como me he desgastado. Ni por un lado ni por el otro hay que esperar la menor sorpresa ni la menor decepción.

Nada resulta más revelador de lo que soy que mi pasión por Isabel de Austria.

Ésta es una de las pocas cosas de las que estoy seguro: la única razón que tienen los hombres para vivir en común es la de atormentarse, hacerse sufrir unos a otros. Nunca me cansaré de machacar esa evidencia.

Lucrecio, Bossuet, Baudelaire: ¿quién ha comprendido mejor que ellos la carne, todo lo que tiene de podrido, de horrible, de escandalosamente efímero?

Montaigne, un sabio, no tuvo posteridad; Rousseau, un histérico odioso, suscita aún discípulos.

El mundo no vive en la mediocridad, sino en la *mala* desmesura, lo que explica por qué nada ni nadie está en él en su lugar, mientras que, si fuera mediocre, habría alguna proporción en las situaciones y los destinos.

Ya podemos atarearnos, que la muerte continúa en nosotros sus largas cavilaciones, su soliloquio ininterrumpido.

El soltero no es un egoísta, como se suele afirmar, sino un hombre al que no gusta martirizar a nadie. Asociarse con alguien —ya sea para el matrimonio o para otra cosa— es poder atribuir al otro todos los fastidios que experimentamos o encontramos. Toda forma de vida en común supone la voluntad de descargar sobre los demás nuestros malos humores.

Me extraña que no sintamos envidia de quienes tienen la facultad de rezar, mientras que sentimos la mayor envidia de las riquezas y los éxitos exteriores de los demás. Nos resignamos a la salvación de los demás, no a sus prosperidades.

Lo importante en el arte es la necesidad. Hay que sentir de forma absoluta que una obra es necesaria, sin lo cual no vale nada y aburre, sentir que, si nos da, aunque sólo sea por un instante, la impresión de que es intercambiable, todo se desploma.

Un arte se debilita cuando toma demasiados elementos de un arte vecino. Robar a la música su bien: idea funesta de la poesía, fantasía descabellada del poeta. No hay que pedir a las palabras lo que por su naturaleza no pueden dar.

He leído todo un libro de recuerdos de Georg Simmel, por sus alumnos y sus amigos. Hace treinta años era mi filósofo preferido: ignoraba casi todo de su vida. Y, mira por dónde, este libro me revela la mar de detalles que, curiosamente, me emocionan tanto como lo habrían hecho en mi juventud.

En una de las primeras cavernas descubiertas en la región de Lascaux, se han encontrado tres esqueletos, uno de los cuales tenía el cráneo roto. Incluso en las épocas en las que los hombres eran poco numerosos, seguramente los conflictos y la pasiones apenas eran menos exasperados que hoy. La historia de Caín y Abel prefigura —en síntesis definitiva— toda la historia humana.

... No obstante, persisto en creer que el hombre era entonces más «feliz» que ahora. Estoy *seguro* incluso de ello.

Mi paradoja es la de ser un obseso cuya mente no logra *fijarse*. El caos en torno a los mismos temas.

Me parece tranquilizador haber superado los cincuenta años. Ya está hecho el esfuerzo mayor, ya he llevado la carga más pesada.

He leído los primeros poemas de Gottfried Benn: *Depósito de cadáveres*. Así exactamente veo yo la vida en ciertos momentos. Pero, ¡qué placer da ver que otros han vivido e imaginado los mismos horrores que nosotros! Benn hablaba como médico; su visión, por terrible que sea, es normal y, hasta cierto punto, sana. Pero, ¡imaginar las inmundicias de la carne sin necesidad exterior, por simple impulso mórbido!

Mis ideas se asocian según un ritmo demasiado precipitado y arbitrario. Paso de una a otra *sin pensar* (nunca mejor dicho). Me sumergen, sin que pueda obtener el menor provecho de ellas. Me gustaría poder decir a cada una de ellas: «¡Deténte!»... pero no me da tiempo. Si dijera en voz alta lo que me pasa por el cerebro, me encerrarían al instante, y no por la incoherencia de las ideas o las imágenes, sino por su sucesión vertiginosa, su desfile monstruoso y casi ridículo.

Obsesión del paso del tiempo. ¡Pensar que todo instante que pasa ha pasado para siempre! Esta observación es trivial. Sin embargo, deja de serlo cuando la haces tumbado en la cama y piensas en *este* instante preciso, que se te escapa, que se hunde irremediablemente en la nada. Entonces te dan ganas de no levantarte más y, en un *acceso* de sabiduría, piensas en dejarte morir de hambre.

Yo percibo *físicamente* la caída de cada instante en lo irreparable. Y después pienso en tal o cual paisaje de mi infancia: ¿dónde está el que fui? Somos tan insustanciales como el viento y, por mucho que escribamos poemas o corramos tras las verdades, sólo son reales las certidumbres de la inanidad. ¡Todo es vano, salvo el pensamiento de la vanidad!

A un amigo que me consultó (???) sobre su próximo matrimonio lo disuadí. «Pero, de todos modos, me gustaría dejar mi nombre a alguien, tener descendientes, tener un hijo.» «¿Un hijo?», le pregunté. «Pero, ¿quién te dice que no sería un asesino?» Desde entonces mi amigo no ha vuelto a darme señales de vida.

La única ciudad en la que el ridículo no mata es París. Es que en ella se admite lo falso y triunfa casi siempre: nada más propio para anular el sentido del ridículo.

Saber que es imposible dilucidar quién es inocente y quién culpable y seguir *juzgando* es lo que hacemos todos más o menos. Yo sólo podría sentirme satisfecho, si un día consiguiera no emitir ya juicio alguno sobre nada. Excluida la vanidad, *a veces* comprendo y justifico a todo el mundo. El verdugo no es más libre que la víctima. En cuanto practicamos el *oficio de vivir*, somos como los demás, apenas valemos más que ellos.

No podemos por menos de admirar en secreto a quienes tienen el valor de arrastrarnos, de mostrar cobardía a las claras, de confesar sus debilidades. «Admirar» tal vez no sea la palabra. Dejémoslo. A quienes envidiamos sin lugar a dudas es a quienes, para triunfar, no retroceden ante el ridículo.

Armarse de paciencia, ¡qué justa es esa expresión! La paciencia es efectivamente un arma y al que con ella se arma nada podría abatirlo. Es la virtud de la que más carezco. Sin ella, nos vemos automáticamente entregados al capricho o a la desesperación.

Quisiera poder escribir con la libertad de un Saint-Simon, sin preocuparme por la gramática, sin la superstición del *uso correcto* y del terror al solecismo. Si se quiere dar vivacidad al estilo, hay que rozar la incorrección en todo instante. Vigilarse, corregirse, es matarlo. La maldición de escribir en una lengua prestada: no podemos permitirnos el lujo de renovarla con faltas muy nuestras.

En un artículo sobre Lorca, Jorge Guillén habla de la efervescencia intelectual en España hacia el año 1933. Tres años después, la catástrofe. Todas las épocas intelectualmente fecundas anuncian desastres históricos. Nunca el conflicto de las ideas, las discusiones apasionadas que comprometen a una generación se limitan al ámbito del espíritu: ese hervidero no presagia nada bueno. Las revoluciones y las guerras son el espíritu *en marcha*, es decir, el triunfo y la degradación final del espíritu.

Rozanov: mi hermano. Es seguramente el pensador, no, el hombre, con el que tengo más afinidades.

Acabo de escribir una apología del odio. Pero en el fondo lo que entiendo por odio es un arranque de desesperación, es la *negrura* de la desesperación, estado puramente subjetivo que nada tiene que ver con la voluntad de hacer daño, con el encono contra los demás.

He pasado dos horas maravillosas con una familia rusa. ¡Esa gente ha cambiado tan poco desde *sus* grandes novelas! Su inadaptación es hermosa. Por lo demás, la adaptabilidad es señal de falta de carácter y de vaciedad interior.

Cada generación vive en el absoluto, es decir, que reacciona como si hubiera llegado a la cima de la Historia.

El gran secreto de todo: sentirse el centro del mundo. Eso es exactamente lo que hacen todos los individuos.

Una religión sólo está viva antes de la elaboración de los dogmas. Tan sólo creemos de verdad mientras ignoramos lo que debemos creer exactamente.

No soy el mártir de una causa, soy el mártir del *ser*. El puro hecho de ser como factor de sufrimiento.

Las cartas de Simone Weil al padre Perrin, escritas durante la guerra y publicadas en *espera de Dios:* raras veces he leído algo tan fuerte como exigencia absoluta consigo mismo. El respeto de la verdad alcanza el grado de tragedia.

Heidegger y Céline: dos esclavos de *su* lenguaje, hasta el punto de que, para ellos, liberarse de él equivaldría a desaparecer. En la esclavización al estilo interviene la necesidad, el juego y la impostura. ¿Cómo discernir la intervención de cada uno de esos elementos? El caso es que el fenómeno primordial es la *necesidad*. Eso es lo que absuelve a los maniacos de su lenguaje.

El masoquismo alemán es intolerable. Ayer, conferencia de Hans M. Enzensberger. Según él, sólo los alemanes cometieron crímenes durante la última guerra. Ese pueblo sólo puede ser arrogante o rastrero, provocador o cobarde.

La cruzada contra los albigenses. Cuando leemos esos horrores, nos sentimos en verdad felices de estar fuera de la Iglesia. Una institución que ha sido capaz de semejantes excesos merece llamarse *sobrenatural*.

Saber lo que es importante: la cosa más rara del mundo. Entre todos los que he conocido, hay tan pocos que destaquen en esa clase de conocimiento, que podría nombrarlos (cuatro o cinco en total).

X acaba de telefonearme: para hablarme de su total desasosiego. Ha consultado a un psiquiatra, quien le ha prescrito medicamentos que le infunden una euforia a la que siguen ataques de depresión. Le he dicho que ese «júbilo comprado» no valía nada y que debía dirigirse a alguien que estuviera en condiciones de comprenderlo. Un psiquiatra, a menos que sea alguien excepcional, nunca lo logrará. Pero también le he dicho que esa crisis es el precio de su gloria y no menos de su obra. Hay que *pagar* por todo éxito, sea cual fuere. No podemos elevarnos impunemente por encima de la *naturaleza*. Y sobre todo un escritor debe *expiar* su *nombre*.

Durante la lucha contra la infiltración luterana en España, la Biblia en lengua vulgar estaba absolutamente prohibida; el propio Carlos V, para leerla en francés, hubo de pedir a la Inquisición su dispensa, ¡que le concedieron no sin ciertas vacilaciones! Y, sin embargo, fue él, después de su abdicación, quien en sus cartas a su hijo desde su retiro de Yuste lo incitaba a la exterminación de los herejes.

Quisiera escribir una rehabilitación general de las *herejías*.

Por lo general, recordamos a quienes han sido odiosos para con nosotros, lo que nos hace sufrir, pero también a veces —pocas, cierto es— recordamos las ocasiones en que nosotros mismos fuimos odiosos e incluso innobles: el sufrimiento que entonces experimentamos es mucho más punzante.

Siempre que me pongo a «ahondar» en un problema, el proceso de mi pensamiento queda interrumpido y pronto suspendido por la irrupción de viejos rencores que se apoderan de mi conciencia y expulsan de ella el tema que la ocupaba.

El sufrimiento es el que da valor a la extravagancia y la redime. Pues sin sufrimiento no es otra cosa que una payasada.

En Simone Weil hay una faceta propia de Antígona, que la preservó del escepticismo y la aproximó a la santidad.

Anoche, en un salón, contemplaba yo el cuello de una señora y me decía que aquella carne blanca estaba destinada a la tumba. Unos vasos de whisky me apartaron, por fortuna, de esa idea, de esa imagen más bien. La frecuencia de las obsesiones fúnebres es señal de que mi espíritu pasa por un mal periodo.

Los pesimistas no tienen razón: vista desde lejos, la vida nada tiene de trágica, sólo lo es de cerca, observada en detalle. La vista de conjunto la vuelve inútil y cómica. Y eso es aplicable a nuestra experiencia íntima.

Todo cambia en una persona a lo largo de los años, salvo la voz. Sólo ella asegura la identidad de un individuo. Habría que tomar las *huellas vocales*.

Yo no soy escritor, no sé preparar las transiciones, desconozco la verborrea, por lo que todo lo que escribo ofrece un aspecto entrecortado, discontinuo, torpe. Me horrorizan las palabras, ahora bien, etcétera... etcétera. La concisión: mi privilegio y mi maldición.

Tengo toda clase de razones para creer que mi padre murió presa de la desesperación. Uno o dos años antes de apagarse, contó, a un actor al que se encontró en la escalinata de la catedral de Sibiu, que se preguntaba si, después de tantas duras e injustas pruebas, significaba algo dios. Con más de setenta años, después de cincuenta de carrera eclesiástica, ¡poner seriamente en duda al dios al que has servido! Tal vez fuera para él el verdadero despertar después de tantos años de sueño.

A las que más detesto es a las personas con sistema, las que no tienen ideas, sino un *tampón* que ponen a las ideas. Tienen una firma, pero carecen de personalidad. X: siempre responde igual, sea cual fuere la pregunta que se le haga. Por eso, ha resuelto todos los problemas.

Nada puede igualar en intensidad al odio de un viejo. El rencor no disminuye con la edad; al contrario, aumenta.

No puedo amar sino a quienes dan muestras de cierta impotencia para vivir.

Hace dos días que cargo con X por París. Ni un momento de soledad. Para mí, la felicidad es aburrirme en compañía de mí mismo.

Un republicano español encuentra al final de la guerra, en un cóctel sudamericano, a un oficial franquista, al que dice: «¡Cuánto lo envidio! Va a estar usted tan *solo*». Era la época en que España estaba completamente aislada. No conozco palabra más *española*.

Mi madre, muy positiva, me escribe: «Todas tus cartas están cargadas de melancolía. ¡Cuídate los nervios!».

No puedo soportar la idea de que haya personas —por pocas que sean— que cuenten conmigo. Nada tengo que aportar a nadie. ¡Oh! ¡Qué lamentable es todo esto! Sólo concedo valor absoluto a la soledad. Todos mis juicios e incluso mis sentimientos dependen de ese criterio límite.

La única forma de vivir sin drama es soportar los defectos de los demás sin pretender *nunca* que los corrijan. Por lo demás, no lo conseguirían, ya que todos los defectos son irreductibles. (Pues lo propio de un defecto es no poder ser reducido.)

Me horroriza volver a ver a amigos de juventud, como también volver a ver a todos los que han desempeñado un papel en un periodo determinado de mi vida. Por ellos calibro ora mi decadencia ora la suya o, con mayor frecuencia, las dos a la vez.

Acaba de aparecer *La caída en el tiempo*. Me niego a conceder entrevistas, como también a hacer cosa alguna para el lanzamiento del libro. «Sería en verdad degradante», dije a alguien. «Pero, entonces, ¿por qué lo ha publicado? Es usted inconsecuente», me replicó. «Tal vez sí, pero hay grados en el impudor», respondí.

«Cuando se habla amorosamente de Dios, todas las palabras humanas parecen leones que se han quedado ciegos, que buscaran una fuente en el desierto.» Léon Bloy.

Recuerdo el gran efecto que me causó esta frase, hace treinta años. Desde entonces, he roto con la *hipérbole* sistemática de Bloy, que ahora me parece ilegible, pero *grandiosa*.

Me gustan los sensuales a los que horroriza la carne (el Eclesiastés, Baudelaire, Tolstói).

30 de diciembre
Acabo de leer el artículo contra mí, publicado hace una semana en *Combat*. Bajeza y violencia sin precedentes. Efecto casi nulo en mí. Y eso que me tildan de «asesino por temperamento». Ni más ni menos. Me gusta mucho decir de mí que soy un «asesino», pero, en cuanto lo hace otro, me parece una afirmación insensata y calumniosa. Por otra parte, creo en la utilidad de la calumnia. Y esa creencia me sostiene al tiempo que neutraliza los efectos del ataque.

Las relaciones más difíciles y complicadas son las que mantenemos con nuestros amigos, porque nos conocen y los conocemos. La amistad es algo prácticamente imposible. Tal vez sea ésa la razón por la que no cesamos de elogiarla. (Cierto es que ese tipo de ejercicio ya sólo se estila en las escuelas. Constituye un *tema*: y se acabó.)
El único aspecto interesante del problema es el de las *amistades trágicas* (del tipo Nietzsche-Wagner). (En

esa clase de amistad, casi siempre el admirador es el que se alza contra el admirado.)

Georges Poulet me insta a que me calme, a que renuncie a atormentarme, a ser el supliciador y el supliciado a un tiempo. Ya me gustaría. Pero he superado la fase en la que aún se puede *elegir*. Estoy en conflicto con la Creación y no tengo posibilidad de retroceder. Sin contar con que tengo una necesidad física de pelearme con las leyes de este mundo. He sufrido demasiado para poder sufrir menos. No puedo cambiar mi suerte. Estoy aquí para atestiguar contra el universo y contra mí. Para exultar también, a mi modo.

Para poder trabajar, hace falta un aguijón, una obligación contraída con alguien, necesito también tener un plazo, pues por mí mismo me abandono o me hundo en mi falta de curiosidad.

Por mucho que me remonte en mi memoria, miedo enfermizo a la gente. Ahora sé la razón: es que, siendo aún un niño, lo que hacían no me interesaba. Lo mismo ocurre hoy. No discierno realidad alguna en lo que hacen y me veo completamente inepto para colaborar en su obra. Me siento excluido de sus actos, no valgo para nada.

Almuerzo en casa de una amiga. Furioso al final. Me dice: «Su libro es deprimente. No deja usted subsistir nada. Dostoyevski no es deprimente, ni Baudelaire, ni siquiera Chéjov». Durante toda la comida, ella, habitualmente tan delicada, no ha hecho otra cosa que insistir

77

en los penosos efectos que causa en el lector mi *Caída*. Me daban ganas de decirle: «Pero si yo no la he obligado a leerlo. Un ensayo no es una obra de arte. No debe encantar ni exaltar. Yo me limito a dejar constancia. Un artista crea, *hace* vida; yo la analizo, esa vida, sin pensar en las consecuencias, sin preocuparme del bienestar o el malestar resultante para el lector».

Los cumplidos negativos son peores que las injurias. No se debe alabar el talento de nadie diciendo: «No tiene usted genio», ni indicarle siquiera *que no es Dios*. Es una falta de generosidad formular restricciones en el elogio que se dirige a alguien, en la fórmula misma de cortesía que se utiliza para quien sea.

Una obra de algún peso no procede de investigaciones verbales, sino del sentimiento absoluto de una realidad. Ni Saint-Simon ni Tácito hicieron literatura. Un gran escritor vive en su lenguaje; no se preocupa del exterior. No medita sobre el estilo; tiene su estilo propio. Ha nacido con su estilo.

La generosidad es la aptitud para hacerse ilusiones sobre aquellos a los que amamos. Hacérselas sobre quienes nos aman es, al contrario, una debilidad universal, sobre la cual resulta inútil hacer comentarios.

Todo lo que realizamos, todo lo que sale de nosotros, aspira a olvidar su origen y sólo lo logra convirtiéndose en nuestro enemigo. Eso explica el coeficiente negativo que acompaña a todos nuestros triunfos.

Comenzar: mi pesadilla. El primer gesto me parece siempre el más difícil, pues es el más contrario a mi visión de las cosas y también a mi necesidad de dejar las cosas como están.

El sufrimiento me ha hecho y el sufrimiento va a deshacerme. Soy su obra. Por mi parte, yo le hago un servicio: vive a través de mí, subsiste por mis sacrificios. (Existe una extraña solidaridad entre el enfermo y su enfermedad.) Mis males me arrastran tras sí. ¿Adónde iremos a parar?

En resumidas cuentas, habré leído con pasión sólo a dos novelistas: Dostoyevski y Proust.
... ¿Será porque tienen un ritmo propio, que no he encontrado en ningún otro? ¿O será la fascinación que ejerce sobre mí esa forma de jadeo en la que resultan insuperables?

En la peluquería. Espero una buena media hora. El dueño parlotea detrás del biombo. Pensaba que estaba ocupado con una clienta. Cuando por fin aparece y me dice que estaba haciendo su declaración de impuestos, le digo: «... Si lo hubiera sabido, me habría marchado». *«En la vida hay otras cosas, además de cortarse el pelo»*, me responde su mujer con el tono más insolente. Se me ha helado la sangre en las venas. Y, sin embargo, me he callado, contra mi costumbre. Esa victoria sobre mí mismo ha sido tan inesperada, que me ha dado una gran satisfacción.

Sólo en los vanidosos encontramos el deseo de brillar, la «inteligencia». Si hablamos con un inglés, un alemán o incluso un americano, no pretenderán imponernos respeto, no harán nada para parecer más dotados de lo que lo están; nada tampoco para divertirnos. El «ingenio» es farsante y no lo encontramos en las razas sólidas. Es casi monopolio de los griegos antiguos y los franceses, pueblo de tablado. El francés piensa para *los demás;* así pensaba el griego. Deslumbrar por todos los medios, incluso por la profundidad...

La caída en el tiempo.
Es un libro sin peso, sin pasión. No me perdono haber escrito algo tan aburrido... tan fastidiosamente transparente.

No siempre es cierto que amemos, como afirma La Rochefoucauld, a quienes nos admiran; con frecuencia ocurre incluso que los despreciemos. Nos sentimos inconsolables por tenerlos sólo a ellos para *exagerar* nuestro valor, para hacernos ilusiones sobre nosotros mismos. ¿Y si no mereciéramos nada mejor?

En virtud como de una complicidad instintiva, siempre he estado de parte de los perdedores, ya fuera buena o mala su causa: indiferentemente.

El francés es una lengua cuya savia está agotada; por eso, todo en ella —poema, novela, filosofía— parece como un ejercicio, como un número de virtuoso.

Todos mis sentimientos los proyecto en los objetos. Percibo la desesperación de la materia, la siento como si se tratara de una persona, esta mesa delante de mí carece de esperanza; así ocurre con todas las cosas. Y lucho contra esa desolación objetiva, contra ese tumulto, contra ese desplome interno del mundo material: lucho como puedo contra mí mismo.

Acabo de comprar en una librería de segunda mano un libro sobre Fontenelle, ¡y otro sobre Buda! ¿Simple casualidad? No lo creo. Esas dos mentalidades que en apariencia nada tienen en común están, en realidad, igualmente desengañadas, aunque en niveles diferentes. El caso es que me siento emparentado con las dos, porque comprendo tanto el desengaño frívolo como el serio. Lo importante es estar de vuelta de todo; el resto es cuestión de matiz.

Yo no soy «amargo» por bilis o por espíritu de venganza, sino por avidez, por voluptuosidad de la amargura precisamente. No puedo prescindir de ella y, siempre que la encuentro, ya sea en la vida o en la literatura, me precipito hacia ella y en ella me revuelco. Es el pasto ideal del caído. Es lo que necesita y, si queréis satisfacerlo, no le deis ninguna otra cosa.

Una religiosidad *atea:* ésa es la *Stimmung*[1] de los contemporáneos.

1 «Disposición de la sensibilidad o del sentimiento, estado de ánimo, humor», en alemán.

El otro día, en mi editorial, recibí una negativa que *normalmente* debería haberme encolerizado y haberme obligado a hacer una escena. No dije nada, me contuve e hice bien. Saber dominarse: lo que sólo se puede hacer *naturalmente* si se procede de una nación de esclavos.

Sólo puedo escribir con excitación, con furia. Ahora bien, a causa de mi gastritis y de otras dolencias, me atraco de calmantes; con ello saboteo yo mismo mi trabajo, mi «inspiración», mi «obra». Sin fiebre, no valgo nada y me prohíbo todo exceso, es decir, todo lo que me permitiría tener un mínimo de rendimiento.

Me fascina Soloviev. Todo lo que leo sobre él me turba (me gustaría poder decir lo mismo de su obra).

No podía apreciar a Tolstói: los profetas no *coexisten*. De los dos él, Soloviev, era el más auténtico, y él fue el que estuvo más cerca de la santidad. Daba todo, se despojaba en la calle de la ropa (¡y a veces de los zapatos!) que distribuía entre los mendigos. Era lo que a Tolstói le habría gustado ser.

13 de abril de 1965
El médico a cuya consulta fui ayer por lo del intestino me preguntó si «pensaba en el suicidio». «No he pensado en otra cosa en toda mi vida», le respondí. Me miró con aire satisfecho, quiero decir *bobo*.

El hombre es indiscutiblemente una aparición extra-ordinaria, pero no es un *logro*.

No creo que haya habido jamás infancia más salvaje *(copil al naturii!*[1]*)* que la mía. Eso explica muchas cosas, todo, en realidad. Siempre he experimentado, en otro sentido que Freud, «*das Unbehagen in der Kultur*».[2]

Una sola cosa me ha gustado: ser libre; deseo que me dejen tranquilo, que no se ocupen de mí en modo alguno. Por eso, la solicitud, los regalos, me molestan tanto como un insulto. No me gusta depender de *nadie*. Ésa es la causa de mi soledad y mi descreimiento.

El francés, que tan bien maneja la ironía, no se ha convertido en su teórico como tantos alemanes que no conocen su uso práctico y si tuvieran que utilizarla, se sentirían muy violentos. Sólo Kierkegaard hizo las dos cosas.

Durante la última guerra, en Zurich, Joyce y Musil vivían muy cerca y, sin embargo, no hicieron ningún intento de conocerse, de encontrarse. Los *creadores* no se comunican entre sí. Necesitan admiradores y no *iguales*.

Acabo de escribir un artículo contra el cristianismo; al final, no he podido por menos de lamentarlo y decir-

1. «Hijo de la naturaleza.»
2. *El malestar en la cultura* (1929).

lo, con lo que he arruinado toda la arquitectura de mi texto. Casi siempre me he convertido a las ideas que había empezado a atacar (la *Iron Guard*, ¡ay![1]).

En este caso, me había propuesto hacer la apología del politeísmo, situándome en la perspectiva de la tolerancia desde un punto de vista casi político, por tanto, y después, *gracias* a mis problemas de salud, al recuperar mis antiguas angustias, el cristianismo necesariamente me ayudó a soportarlas; el paganismo es demasiado exterior, no ofrece nada que pueda aliviarnos en los momentos de mayor desconsuelo.

Fenómeno nuevo: no hay prácticamente *heimatlos*[2] entre los judíos. Todos tienen un pasaporte. Eso representa un hito en su historia. Pero lo que ha cambiado es sólo su estatuto jurídico; en cuanto al estatuto metafísico, ninguna modificación.

Desde que escribí el *Breviario*, sólo he tenido una ambición: superar el lirismo, evolucionar hacia la *prosa*...

Esta mañana, he ido a la consulta de un gran especialista en reumatología en Cochin. Después de esperar dos horas, me ha llegado el turno. He explicado mi caso, el hormigueo permanente en las piernas desde hace treinta años. El especialista me examina rápidamente y se vuelve hacia sus alumnos: «Es *subjetivo*». Y me des-

---

1. La Guardia de Hierro, el movimiento de extrema derecha de Codreanu. Véase Cioran, *Conversaciones*, Tusquets Editores, col. Marginales, n.º 146, págs. 14 y 15.
2. «Apátrida», en alemán.

pide, para gran alivio mío. Evidentemente, me había tomado por un chiflado.

En la *espera* se manifiesta, se revela, la esencia del tiempo. ¡Qué superioridad la de haber dejado de esperar!

Ionesco me dice que en el monólogo de Hamlet sólo hay trivialidades. Es posible, pero esas trivialidades agotan lo esencial de nuestras interrogaciones. Las cosas profundas no necesitan originalidad.

Resulta increíble hasta qué punto pienso en Pascal. Sus temas son los míos y sus tormentos también. Lo que debió de sufrir, *¡a juzgar por mi caso!*

Tengo que escribir un pequeño prefacio para la edición de bolsillo del *Breviario*. No lo consigo; no puedo hablar ni bien ni mal de ese libro: es como si hubiese sido concebido por un desconocido. No me pertenece, no soy su autor. Y ni siquiera puedo renegarlo, pues la visión de las cosas de la que parte sigue siendo, a mi juicio, justa.

Por lo demás, ahora que estoy atascado y ya no produzco nada, me resulta penoso escribir sobre mis obras.

23 de junio

Noche en blanco. El insomnio me seca las venas y me quita la poca sustancia que me queda en los huesos. Horas dando vueltas en la cama sin esperanza alguna de

85

perder por fin el conocimiento, de desvanecerme en el sueño. Es un auténtico saqueo del cuerpo y del espíritu.

2 de julio

Ayer, en el hospital, esperé a mi turno durante dos largas horas. Dos ancianas parloteaban a mi lado. Esas inmundas charlatanas quieren también vivir, se empeñan en durar, cuando, en realidad, su existencia no es indispensable y carece del menor sentido. Resulta increíble que Raskolnikov, después de cometer su saludable acto, se vea enredado, no en el remordimiento, sino en cierto malestar y confusión.

Me gustaría olvidarlo todo y despertarme un buen día delante de una luz virgen, como el día siguiente al de la Creación.

Desde 1937, los acontecimientos de mi vida están unidos al parque del Luxemburgo. En él he rumiado todas mis penas.

La palabra que más me viene a la cabeza, tanto si estoy fuera como si estoy en casa, es engaño. Por sí sola resume toda mi filosofía.

Toda sensación de crueldad *me inspira*. Vivo en una crueldad *en el vacío*, en una ferocidad abstracta, filosófica, irrealizada. En mi mente se enrosca y se convulsiona un animal de presa.

Nada me asombra y me molesta más que un francés *confuso*. La lengua rechaza el caos mental. Estar confuso es pecar contra ella, contra su genio. Pensar en francés es separarse del caos, de todas las riquezas y sorpresas que aporta.

Meditar es oponerse a la abundancia de las ideas, hacer que una sola te retenga durante mucho tiempo y tenga el privilegio de ocupar exclusivamente a la mente. La meditación: monopolio de una idea en toda la extensión de nuestra mente. En una palabra, una monomanía *fecunda*.

El hombre no es sólo un animal enfermo, sino que es el *producto* de la enfermedad. Es algo que he dicho con frecuencia, pero que necesito repetir. Es lo que se llama inventarse excusas.

23 de octubre

Angustia intensa. Llevando, como llevo, tanto tiempo dedicado a luchar contra mi miedo a morir, ya debería haber vencido. Pero, ¡no! Es demasiado antiguo, me atrapa de vez en cuando, con una violencia intensificada. Humillación incalificable. Lo que hoy me ha calmado ha sido pensar en el incalculable número de muertos desde que la «vida» hizo su aparición. Aquellos vivos —hombres o no— murieron todos, por decirlo así, sin dificultad. Algunos de ellos debieron de padecer este miedo mucho más que yo y, sin embargo, pasaron al otro lado sin demasiado apuro. A decir verdad, no es la muerte, sino la enfermedad, lo que temo, la inmensa humillación que entraña arrastrarse por los parajes de la muerte. No soy lo bastante modesto para saber sufrir. Toda dura prueba me parece un insulto, una provocación del destino. Mientras no sabemos sufrir, no sabemos nada.

16 de noviembre
Anoche, después de una pesadilla (¡un combate con un asesino!), lancé gritos, rugidos, que habrían podido despertar a todo el edificio. Los *oí* perfectamente yo mismo, no sin sentir una profunda vergüenza.

Escribir sobre el drama de la esterilidad en el escritor, de la esterilidad en el místico. La falta de inspiración en uno, la imposibilidad de rezar en el otro.
En los dos casos, ausencia de éxtasis.
(Es una bendición verte afectado por la esterilidad, *si no tienes que ganarte la vida.* Durante ese tiempo, no desgastas tu sustancia, no te *empobreces.* Es un estado excelente, a condición de no perseverar en él. Cuando persistes en él, llegas al remordimiento y al drama.)

Me telefonean para preguntarme si conozco a un escritor rumano llamado Mihail Sebastian,[1] cuya madre se encuentra en París (para resolver asuntos de derechos en Alemania). Me he sentido *conmovido.* Sebastian, atropellado tras la Liberación por una camioneta, acababa de ser nombrado agregado cultural en París. Habría he-

---

1. La editorial Stock publicó en enero de 1998 una de sus novelas *(Depuis deux mille ans)* y en septiembre su *Journal 1935-1944*, en el que figuran varias menciones de Cioran.

cho una gran carrera aquí, pues resulta difícil imaginar un rumano más francés que él. ¡Qué fina inteligencia! ¡Qué hombre admirable y destrozado! Y es un desconocido. ¡Qué lección para mí, que me quejo durante todo el día y maldigo mi suerte! Hay que acostumbrarse a pensar en las injusticias de que son víctimas los demás para poder olvidar las propias. Yo no debería lamentarme, no tengo derecho a ello; por otra parte, no puedo lanzar *hosannas*. Tengo que encontrar el tono justo entre el horror y el júbilo.

3 de diciembre de 1965

Estoy corrigiendo las pruebas del *Breviario*, para la colección «Idées». ¡Cómo me decepciona este libro, pese a haber puesto en él todos mis defectos! Me parece fastidioso, lleno de repeticiones, pesado bajo sus apariencias alertas, «superado», demasiado lírico, y enojosamente *Spätromantik*.

En el fondo, soy un romántico tardío, salvado por el cinismo.

He acabado de corregir las pruebas del *Breviario* (que escribí hace diecisiete años). A fin de cuentas, es menos nulo de lo que pensaba al empezar a leerlo. Nadie podrá imaginar los sufrimientos y las humillaciones de los que surgió, puesto que yo mismo los he olvidado.

Estaréis solos en vuestro ataúd: título de una novela de la colección Serie Negra.

Resulta curioso cuánto gusta lo macabro y se retrocede ante lo trágico. (Lo macabro es la forma *grotesca* de lo trágico.)

Tengo estallidos de cólera para dar y tomar. Pero no puedo ponerme *en estado de pasión*.

En los puestos de libros de la ribera del Sena, en una caja llena de novelas policiacas inglesas, ¡encuentro un San Juan de la Cruz en formato de bolsillo! Se debe, creo, al título: *The Dark Night of the Soul*. También es cierto que la portada era demasiado *chillona* y era posible, si no inevitable, la confusión.

5 de enero de 1966

Anoche, en una cena, me enteré de que habían internado a P. Celan en una casa de salud, después de que intentara degollar a su mujer. Al volver a casa, a altas horas de la noche, fui presa de auténtico miedo y me costó Dios y ayuda quedarme dormido. Esta mañana, al despertar, he vuelto a sentir el mismo miedo (o angustia, si se quiere), que, por su parte, ha estado en vela.

Tenía un gran encanto, ese hombre imposible, de trato difícil y complicado, amigo al que le perdonabas todo, en cuanto olvidabas sus quejas injustas, insensatas, contra todo el mundo.

Hacia 1934 me encontraba en Múnich. Vivía allí en una tensión que incluso ahora, cuando lo pienso, me hace estremecer. Me parecía entonces que no me faltaba mucho para fundar una religión y esa posibilidad me inspiraba los mayores terrores.

... Después me calmé... peligrosamente.

Lo que cada vez comprendo menos son los caracteres fuertes, generosos, fecundos, en perpetua *emanación*, siempre satisfechos de producir, de manifestarse, de *ser*. Su energía me supera, pero no los envidio. No *saben* lo que hacen...

Lo mejor que tengo lo he derrochado en conversaciones, en mi juventud sobre todo. Mis libros —tanto los rumanos como los franceses— son un simple reflejo muy miserable de lo que era, de lo que soy. Mis frenéticos monólogos de otro tiempo no subsisten ni siquiera en mi recuerdo. Me prodigaba con una generosidad que ahora lamento; está desgastada, ya sólo me quedan restos. Aunque la tuviera aún, ya no podría soportarla, sostenerla *físicamente*, por falta de energía y vitalidad. Para ciertas virtudes es necesario un cuerpo determinado.

La crueldad es la «cosa» más antigua que tenemos. Es bien nuestra. Nunca es falsa, ya que sus orígenes se confunden con los nuestros. Con frecuencia se dice de alguien que su bondad es sólo aparente, mientras que es muy raro hablar de crueldad fingida, simulada (y raras veces se habla de crueldad...). La bondad es reciente, adquirida, no tiene raíces profundas en nuestra naturaleza. No es *heredada*.

15 de enero
Si no me contuviera, me daría —creo— un ataque de llanto *sin tema*. Es decir, sin tema *aparente*, pues emanarían —esas lágrimas—, por hablar como Mademoiselle de Lespinasse, *de todos los instantes de la vida*.

Lo que pido a un escritor es que escriba *correctamente*. Que un libro esté bien o mal escrito me parece totalmente secundario. El «estilo», que fue mi obsesión durante tanto tiempo, ya no me interesa: creía en él cuando Valéry era el «no va más» para mí. Ahora es la sustancia, el «contenido», lo que me solicita. Por lo demás, me repugna cada vez más suscribir la antigua disyunción entre forma y contenido. Suprimamos esos falsos problemas. Hay que intentar hacerse comprender y se acabó; mantenerse, de ser posible, inteligible, es un objetivo a la vez difícil y modesto. Atengámonos a él. El resto no cuenta.

El *Breviario* y la *Tentación*, mis «mejores» libros, según los críticos, están terriblemente anticuados para mí, por la «poesía» que hay en ellos, poesía, conviene decirlo, chapada a la antigua, sobremanera romántica, nada contemporánea. La influencia de Rilke, del *primer* Rilke, fue de lo más perjudicial para mí; después la lectura casi cotidiana de Shelley durante la Ocupación me separó demasiado de la actualidad, del «gusto» literario más reciente. Comprendo perfectamente que en Alemania, país en el que todo se hace por decreto y en el que se ha *decretado* que sólo cuenta la vanguardia, no tenga yo el menor éxito.

Schopenhauer observa que Francia, la nación más ligera, produjo a Rancé, el fundador de la orden más severa de todas; habría podido añadir que Italia, el país más frívolo y vacío, produjo a Leopardi, el poeta más pesimista que jamás haya existido.

Los franceses tienen todos los defectos, salvo uno: no son obsequiosos. Lo demostraron con creces durante la Ocupación; no vi a ninguno que, en la calle o en otra parte, se rebajara ante el ocupante o adoptase una actitud servil (la Colaboración es cosa muy distinta; los colaboradores se *vendieron:* eso es diferente). En eso los franceses tienen una clara superioridad sobre los alemanes, que, en cuanto son derrotados, se vuelven rastreros. Pero, incluso fuera de la derrota, siempre se arrastran ante un superior jerárquico: su obediencia está hecha de cobardía civil y no de aceptación del orden. Piénsese en las relaciones del profe y los estudiantes en las universidades: la verdadera o falsa cordialidad disimula una relación de Dios con simples mortales. En la época que pasé en aquellas universidades, recuerdo haber sentido asco ante aquellas rubiotas, siempre extasiadas ante su maestro. ¡Y pensar que hubo un tiempo en que sentí verdadera idolatría por esa nación! Mi entusiasmo cesó hace mucho. No por ello dejo de seguir reprochándomelo y acusándome de ceguera y estupidez. Lo que debió de fascinarme en aquellos germanos fue el hecho de no tener nada en común con ellos. El drama de toda desemejanza *esencial*, de toda atracción por una incompatibilidad profunda. Yo siempre he buscado en los otros, para desgracia mía, lo que encontraba en mí mismo, en lugar de atenerme a mis insuficiencias y contentarme con ellas.

La máxima estoica según la cual debemos resignarnos sin murmurar a las cosas que no dependen de nosotros, e incluso a adoptar una actitud totalmente indiferente para con ellas, sólo tiene en cuenta las desgracias exteriores, que llegan independientemente de nuestra voluntad, pero, ¿cómo adaptarnos a las que proceden de nosotros mismos? Si nosotros solos somos la causa de nuestros males, ¿a quién podemos reprochárselo? ¿A nosotros mismos? Pero olvidamos enseguida que nosotros somos los verdaderos culpables y todo el mundo espera la primera ocasión para encontrar a cualquiera o cualquier cosa sobre los que descargar el peso de su responsabilidad.

Pasar toda una velada en compañía de un hombre que vive en la mentira, que es un asqueroso e ignora (o no cree) que lo es, te deja una repugnancia que sigue atormentándote el día siguiente y te estropea el día.

Me gustan los temperamentos agresivos y contradictorios, violentos y desgarrados, y que por sus excesos te estimulan y te desarman. Mi abulia necesita un látigo.

¡Si yo tuviera un mínimo de convicciones para poder hacer campaña a favor o en contra de algo! Pero he debilitado, extenuado, vaciado mis convicciones, una tras otra, y todas juntas.

Si los alemanes han destacado en la metafísica, es porque, de todos los pueblos, son el que está más desprovisto de sensatez.

El rumano: la lengua más fea y poética que existe. Y la razón de que los rumanos no sean grandes poetas es la de que la lengua no ofrece resistencia alguna y no constituye obstáculo alguno que salvar. Es grande la tentación de la facilidad y es comprensible que se ceda a ella.

Resulta consolador que haya un Piotr Rawicz[1] en París.

La ventaja de vivir en París es la de poder ejercer el desprecio donde y cuando se quiera; es una facultad que se agota enseguida en otros sitios: por falta de objetos. Aquí alcanza su plenitud, sobre todo en contacto con los talentos. Parece que cuanto más dotado está alguien más debe decepcionar *en el nivel espiritual*.

Aceptarnos tal como somos: la única forma de evitar la amargura. En cuanto «nos negamos», en lugar de pagarlo con nosotros mismos, lo pagamos con los demás y ya sólo segregamos hiel.

28 de febrero
Un autor dramático es un hombre de acción. Con cada una de las obras que representa riñe una batalla. Pienso en Ionesco, en el drama de cada «ensayo general». Hace falta valor para afrontar o concebir un fracaso. Yo he escrito cinco libros en francés; aparte del primero, ninguno ha funcionado. Pero apenas he notado el fracaso. Es que el destino de un libro no se decide en una noche. Inmensa ventaja.

1. Piotr Rawicz, nacido en Ucrania y ex deportado en Auschwitz, vivía en París desde 1947. Su novela, escrita directamente en francés, *Le sang du ciel* (Gallimard, 1961) fue traducida a una decena de lenguas. También publicó *Bloc-notes d'un contre-revolutionaire, ou la gueule de bois* (Gallimard, 1969). Se suicidó en mayo de 1982.

Resulta increíble hasta qué punto me siento próximo a La Rochefoucauld. Veo la razón en una idéntica y enfermiza ineptitud para la ilusión.

Todo el mundo me parece demasiado *ingenuo*, incluso el Eclesiastés.

Enfermedad real o imaginaria, para mí es lo mismo. Quiero decir que siempre sufro *en alguna parte*, que tengo una conciencia exasperada de mi incapacidad para encontrarme bien. Más que mi cuerpo, me duele mi *ser*.

24 de abril
Domingo por la tarde. Salgo a pasear. Aburrimiento mortal. Telefoneo a amigos, que me invitan a visitarlos. Nada más aceptar, mi aburrimiento se intensifica, se vuelve angustia y fiebre. ¡Lo que habría dado por quedarme solo, por devorar mi estado! Imposible. No podía dejar de ir. Y he estado hablando durante cuatro horas de esto y lo otro. Ahora el remordimiento ha venido a relevar al aburrimiento. ¡Qué desastre de persona!

Todos estos últimos tiempos, he estado dándole vueltas a la filosofía hindú. Pero ya estoy harto... de momento. En todo lo que emprendo me acecha la saturación. Detrás de cada una de mis sensaciones se oculta el aburrimiento, mi *sensación fundamental*. Él es la *verdad* de todo lo que siento, es el *fondo* de lo que soy, no, de lo que *es*, de todo lo que es.

Goethe, que era muy indulgente con las críticas a sus obras literarias, se mostraba intolerante con las de sus trabajos científicos, en particular de su teoría de los colores (por ésta riñó con sus mejores amigos).

A., al que detesto tanto como él a mí: un Trakl vacío, un Trakl que ya no tuviera tics. Un poeta sin sustancia. Pero, si la frialdad es un mérito, la suya es excelente. Cada palabra pesada y vuelta a pesar. Poesía en dosis homeopática. ¡Un poco de aliento, señores!

El padre de Saint-Simon tenía setenta años cuando tuvo a su hijo. Como se ocupó de su educación, le impuso el estilo y la lengua de comienzos del siglo XVII. Eso explica perfectamente anomalías y curiosidades que encontramos en ese memorialista.

Los judíos no son un pueblo, sino un destino.

A propósito de lo que dice Scheler sobre la muerte. El hombre moderno no ha encontrado un símbolo para ella: al carecer de una creencia religiosa precisa, ¿dónde encontraría los elementos necesarios para la elaboración de un símbolo? ¿A qué imagen se aferraría, si para él la muerte no es sino un *proceso* y nada más? Un proceso no evoca precisamente una imagen ni, menos aún, un símbolo.

Heidegger habla de Hölderlin como si se tratara de un presocrático. Aplicar el mismo trato a un poeta y a un pensador me parece una herejía. Hay autores a los que los filósofos no deberían tocar. Desarticular un poema como se hace con un sistema es un crimen contra la poesía.

Cosa curiosa: a los poetas les satisface que se hagan consideraciones filosóficas sobre su obra. Los halaga, se hacen la ilusión de que es un ascenso. ¡Qué lamentable! Sólo el amante sincero de poesía sufre por esa intromisión sacrílega de los filósofos en un ámbito que debería estarles vedado, que les está vedado *naturalmente*. ¡No hay un solo filósofo (¿Nietzsche?) que haya hecho un solo poema aceptable! (Hay —cierto es— sistemas con tendencia poética —Platón, Schopenhauer—, pero se trata de la visión o de una obra marcada por la frecuentación de los poetas: Schopenhauer.)

El drama de Alemania es el de no haber tenido un Montaigne. ¡Qué ventaja para Francia la de haber *comenzado* con un escéptico!

Elie Wiesel, judío de Sighet, en el norte de Transilvania, me cuenta que hace dos años volvió a su ciudad natal. Nada había cambiado, salvo que ya no quedaban judíos. Antes de ser deportados por los nazis, habían ocultado joyas y todo en la tierra. Él mismo había enterrado un reloj de oro. Después de llegar a Sighet, se fue a buscarlo en plena noche. Volvió a encontrarlo, lo contempló, pero no pudo llevárselo. Tenía la sensación de cometer un robo. En la ciudad fantasma, su ciudad, no encontró a ningún conocido, él es el único superviviente de la matanza.

Mi cobardía ante las autoridades. Pierdo todos mis medios ante alguien con calidad oficial, en lo cual soy un perfecto descendiente de un pueblo de esclavos, humillados y azotados durante siglos. En cuanto me encuentro ante un uniforme, me siento culpable. ¡Cómo comprendo a los judíos! ¡Vivir todos al margen del Estado! Su drama es el mío. A decir verdad, por proceder de un pueblo cuya maldición es mediocre, pero maldición, de todos modos, yo estaba hecho para adivinar la maldición por excelencia.

Cómo detesto mi holgazanería, mi hereditaria falta de dignidad. Esta tarde he pasado por los trances del asco de mí mismo, me he execrado incluso hasta alcanzar una furia asesina. A veces me pregunto por qué milagro logro soportarme aún. Odio de mí mismo que se aproxima al crimen o a las lágrimas.

Haga lo que haga, nunca echaré raíces en el mundo.

Pese a un siglo de psiquiatría, no nos hemos habituado a la «locura»; sigue pareciendo «vergonzosa» y la familia disimula por todos los medios; sin embargo, cuando alguien la padece, todo el mundo lo sabe y lo comenta, salvo los parientes próximos del paciente.

Que algunos busquen en mí consuelo y apoyo es una de las cosas que más me desconciertan. Incapaz de resolver ninguno de mis problemas, me veo obligado a encontrar una solución para los de los otros.

Simone Weil: mujer extraordinaria, de un orgullo inaudito y que se creía sinceramente modesta. Semejante desconocimiento de sí misma en una persona tan excepcional confunde. En punto a voluntad, ambición e ilusión (digo bien: ilusión), habría podido rivalizar con cualquier gran delirante de la historia contemporánea. (Me recuerda a una Sorana Gurian, más el genio.)

El orgullo filosófico es el más estúpido de todos. Si un día, por milagro, se instaura la tolerancia entre los hombres, los filósofos serán los únicos que no querrán beneficiarse de ella. Es que una visión del mundo no puede concordar con otra visión, ni admitirla y menos aún justificarla. Ser filósofo es creer que eres el único en serlo, que nadie puede tener esa cualidad. Sólo los fundadores de religiones tienen una mentalidad semejante. Construir un sistema es como la religión pero en *más necio*.

De la generación Sartre-Bataille, sólo Simone Weil me interesa.

Es correcta la observación de Simone Weil, según la cual el cristianismo era al judaísmo lo que el catarismo debía ser al cristianismo...

Todos los días necesito mi ración de duda. Me alimenta, literalmente. Nunca hubo un escepticismo más orgánico. Y, sin embargo, todas mis reacciones son las de un histérico. Dadme dudas y más dudas. Son —más que mi alimento— mi droga. No puedo prescindir de ellas. Estoy intoxicado con ellas para toda la vida. De modo que cuando encuentro una, la que sea, me precipito sobre ella, la devoro, la incorporo a mi sustancia. Pues mi capacidad para asimilarlas —las dudas— es ilimitada; las digiero todas, son mi sustancia y mi razón de ser. No puedo imaginarme sin ellas. Dadme dudas, más y más dudas.

Me habría gustado decir —al crítico inglés que acusa a Marco Aurelio de ser un simple imitador que se limitó a proferir trivialidades— que la grandeza del sabio coronado se debe a un *tono* propio que transfigura los truismos y les confiere un calor patético, más importante que una reflexión original o una paradoja, que tienen —esos truismos— algo de oración, de una oración desencantada y ligeramente amarga que le impide degenerar en la insulsez.

J.P. Jacobs me escribe desde Berlín que le horroriza esa ciudad y su fealdad le espanta. Remontan a la superficie de mi conciencia todas mis impresiones sobre esa ciudad, en la que viví en 1934 y 1935. Llevé en ella una vida de alucinado, de loco, en una soledad casi total. ¡Si tuviera el valor o el talento para evocar aquella pesadilla! Pero soy demasiado débil para poder sumirme de nuevo en semejantes horrores. El caso es que aquella estancia me marcó para siempre. Es el súmmum negativo de mi vida.

Kleist y Rodolphe (el personaje de Mayerling) buscan y encuentran los dos a mujeres con las que matarse. Esas propuestas de suicidio en común, ¿a qué pueden corresponder? ¿Será miedo a morir solo o —lo que es más probable— necesidad de acabar *en esa plenitud* que debe necesariamente preceder a la muerte *compartida?*

El secreto de Charles de Gaulle es el de ser una mente a la vez quimérica y cínica. Un soñador *sin escrúpulos.*

He releído —por quinta, sexta vez— *El sueño de un hombre ridículo.* Tan conmovido como con la primera lectura. Sólo Dostoyevski y Shakespeare logran hacerme alcanzar extremos que por mí mismo sólo vislumbro. Me ponen, en sentido propio, fuera de mí, me proyectan allende mis límites.

En vano me sublevo contra la *pasión,* sin ella todo es hueco aquí abajo, es un aliento que atraviesa el vacío y nos lo disfraza. En cuanto se calma, el vacío es más terrible que antes. ¿Qué hacer?

Desconfiar del fragmento: creemos poner mucho en él, pero el lector no está obligado a suplicar nuestras deficiencias de talento ni encontrar significativos nuestros silencios proclamados. Recuerdo la mala acogida que recibieron mis *Silogismos:* era legítimo. ¡Qué idea la de reunir algunas máximas y darles un título pomposo! Todo eso se lee en un cuarto de hora. En fin, quise hacer mi pequeño La Rochefoucauld y recibí mi castigo por ello. Resulta muy difícil el arte de no hacerse ilusiones sobre uno mismo. Nunca lo aprendemos, sobre todo cuando creemos que lo hemos aprendido (como en mi caso).

Esta mañana, de regreso de Enghien, he asistido en el metro de la Estación del Norte a una escena lamentable. En los dos lados se esperaba el metro. En el andén de enfrente, una muchacha de unos veintidós años llama a un hombre de unos cuarenta que se aleja de ella. Él vuelve. Ella se aprieta contra él, llora, patalea; él se aleja, ella grita, patalea; él hace gestos y ella vuelve a empezar con más fuerza. Hay una maleta, que ella levanta y deja caer varias veces. Por último, él vuelve, coge la maleta y la muchacha se pega a él, suspira y desaparecen juntos. ¿Sería su mujer, su amante o... su hija? El comportamiento de ella y, por lo demás, el de él justificaban las tres hipótesis, de tan turbias y, sin embargo, *normales* como parecían sus relaciones.

Desde el exterior, todo clan, toda secta, todo partido, parecen homogéneos; desde el interior, la diversidad es en ellos máxima. Los conflictos en un convento son tan reales y frecuentes como en cualquier sociedad. Incluso en la soledad, los hombres se agrupan tan sólo para *huir de la paz.*

Yo soy el único contribuyente de Francia que declara más de lo que gana. Sean cuales fueren mis ingresos, no puedo declarar menos del mínimo vital. Y, sin embargo, ha habido años en que eran muy inferiores. A ese respecto, silencio, pues cualquier detalle equivale a una vergüenza o a una lamentación.

103

14 de septiembre

Ayer me encontré con la señora (?) que vive en mi inmueble y cuyo marido murió hace dos meses. La paré para presentarle una vez más mis condolencias. Me lanzó una mirada terrible, cargada de odio y crueldad. Me sorprendió y conmovió, porque al instante se echó a llorar. Comprendí que lo que yo había considerado crueldad y odio no era sino desesperación.

Tengo una gran experiencia de los hombres y las cosas. Sin embargo, no me sirve para nada, o casi nada, en la vida diaria. En cambio, teóricamente me resulta de una enorme utilidad. Pero una vez más no obtengo con ella ningún bien.

El *Oráculo manual* de Baltasar Gracián se parece *en el tono* al *Tao Te King*. Pero podría ser que hubiera entre esos dos libritos analogías más profundas, correspondencias misteriosas. ¿Será una ilusión por mi parte? ¿O se tratará de una impresión legítima? Tengo que comprobar todo eso.

No conozco nada más insoportable que la ironía continua, sin fallo, sin descanso, que no te deja tiempo para respirar y menos aún para reflexionar, la ironía, que debería ser delicada y *ocasional*... ¡vuelta grosera, es decir, automática! Incluso ella está destinada a degenerar, a seguir la ley común.

Todos esos profesores —con Heidegger a la cabeza— que viven como parásitos de Nietzsche y se imaginan que filosofar es hablar de filosofía... me recuerdan a esos poetas que se imaginan que la misión de un poema es la de cantar la poesía. Por doquier el drama del *exceso* de conciencia: ¿se tratará de un agotamiento de los talentos o de un agotamiento de los temas? De los dos seguramente: falta de inspiración, que va a la par de una falta de materia. Desaparición de la ingenuidad; demasiada charlatanería, *habilidad*, en las cosas capitales. El acróbata ha suplantado al artista, el propio filósofo no es sino un pedante *que se agita*.

Cuando eres extranjero en medio de una nación que has adoptado de grado o por fuerza, al cabo de un tiempo ya sólo ves sus defectos y te vuelves ciego para las virtudes que éstos suponen. Ya sólo distingo las facetas negativas de los franceses: sin embargo, empiezo a sentirme de nuevo equitativo con ellos desde que me asedian mis compatriotas: ¡cuánto peores son sus defectos que los de los franceses!

El hombre que más me deprime es el satisfecho de sí mismo. No entro en sus razones, su éxito no me lo parece, la vanidad que le inspira me parece ridícula o demente, aunque todos la consideren legítima. Es que para mí todo éxito exterior es peor que un fracaso y siento piedad de quienquiera que se eleve sobre el mundo.

Lo que ha hecho M.E. conmigo desde hace tres semanas lo he merecido, aunque sólo sea como castigo por lo que hice a Mircea Zapratan, en Sibiu, hace treinta años. Durante toda una noche, le reproché que derrochara sus talentos en las tabernas, que no leyera ni escribiese nada, que fuera un *Songoromester*[1] en el burdel de Tilea; como un verdugo, me ensañé con él, creyendo que hurgar con el cuchillo en la herida era una acción caritativa, que iba a ayudarlo a enmendarse, etcétera. A las cinco de la mañana, estalló en sollozos. Ése fue el único resultado de mi requisitoria. Pensaba que actuaba como un amigo: en realidad, fue un mero ejercicio de crueldad; lo utilicé para dar rienda suelta a mi necesidad de afirmarme impunemente mediante el sarcasmo. Lo que me ocurre ahora es más que justo y no puedo quejarme.

El encanto de la poesía contemporánea radica en la absoluta arbitrariedad de la imagen.

El grito es lo que concuerda mejor con mi carácter, pero he perdido la costumbre y las ganas de gritar. En los antípodas del lirismo. Mis únicas relaciones con la poesía se deben a mi deseo de llorar, él mismo bastante poco frecuente, sin embargo, y cada vez menos *exaltante*.

Ese escritor que lleva años evocando en su crónica semanal la hora de su muerte, lo que no le impide hacer una obra de artesano y ceder a humores de portera.

La idea de la muerte no nos mejora; multiplica y agrava nuestras dificultades ya existentes y nos vuelve aún más impropios para resolverlas. Lo advertimos fácilmente en los que están obsesionados por ella: todo les resulta más difícil que a los demás. ¿Por qué?

1. Palabra húngara que significa «pianista».

Porque piensan en *la* muerte, mucho más que en *su* muerte.

Pensar en nuestra muerte nos vuelve buenos a veces, pero con más frecuencia mezquinos; es comprensible: nos ocupamos de nuestros asuntos personales, nos preocupamos de nuestra persona, nos sumimos en terrores sin alcance metafísico... mientras que la muerte en general puede afectar mucho más el curso de nuestros pensamientos. Es la distancia existente entre la contemplación de una tumba y la de un cementerio.

Mi maldición: me gusta tomar un libro en las manos y siempre siento gozo al abrir uno, *sea cual fuere*. Pero no tengo una biblioteca: es mi salvación.

Me resulta imposible precisar mi sentimiento respecto de mis libros. Son míos y sin embargo... Me veo obligado a pensar en ellos y juzgarlos, puesto que me hablan de ellos, pero, ¡cuánto más libre y más yo mismo sería, si no existieran y hubiese dedicado el tiempo empleado en escribirlos a apartarme gozosamente del mundo y de mí mismo!

Sólo hay que escribir y sobre todo publicar cosas que hagan daño, es decir, que recordemos. Un libro debe hurgar en llagas, suscitarlas incluso. Debe ser la causa de un desasosiego *fecundo*, pero, por encima de todo, un libro debe constituir un *peligro*.

Si me he apasionado tanto por la suerte de los alemanes y los judíos, es porque, con la misma fatalidad, todo lo que emprenden se vuelve contra ellos. Siempre han sido víctimas de lo que más aman. Ni unos ni otros son *diplomáticos.*

(La fatalidad en los judíos: desempeñaron un papel considerable en el advenimiento del comunismo, se adhirieron a él con un fervor casi religioso, en cuanto se impuso en alguna parte, al cabo de un tiempo los rechazó. Así, siempre han *pagado* caros sus entusiasmos, como los alemanes sus sueños de poder.)

3 de octubre de 1966

Esta noche, hacia las 23 horas, me he encontrado con Beckett. Hemos entrado en un bar. Hemos hablado de esto y lo otro, de teatro y después de nuestras respectivas familias. Me ha preguntado si estaba trabajando. Le he dicho que no, le he explicado la nefasta influencia del budismo, que no ceso de frecuentar, en mis actividades de escritor. Toda la filosofía hindú ejerce sobre mí efectos anestésicos. Y después le he dicho que he llegado a sacar las consecuencias de mis teorías, que me he *convencido* a mí mismo de lo que he escrito y que he llegado a ser *mi* discípulo. Y que, si quería volver a ser escritor, necesitaría seguir el camino inverso al que he recorrido.

No sé, pero debía de haber algo triste y lastimoso en mí, pues, cuando nos hemos separado, Beckett me ha dado dos palmaditas en el hombro, como se hace con alguien a quien se cree perdido y para darle muestras de simpatía, al tiempo que se le quiere dar a entender que no debe preocuparse, que todo saldrá bien. En realidad, merecía piedad y aliento. ¡Qué desarmado estoy ante el mundo! Y lo más grave es que veo por qué no hay que estarlo.

Se puede pensar en la muerte todos los días y «perseverar en el ser»; no ocurre lo mismo, si pensamos sin cesar en *la hora* de nuestra muerte; quien sólo tuviera presente ese instante, cometería un atentado contra todos sus demás instantes.

5 de octubre

Esta noche, durante mi paseo habitual en torno al parque del Luxemburgo, no he cesado de canturrear canciones españolas, lo bastante fuerte, al parecer, para que todo el mundo se volviese a mirarme. Era presa de una de esas crisis en las que la exaltación puede más que la depresión. Desde fuera debían de tomarme por un loco o, probablemente, por un hombre *feliz* (no de la Tierra, sino de sabe Dios dónde). Y en cierto sentido, lo era, feliz. Pues he podido revivir con el pensamiento toda aquella noche en Talamanca en la que me levanté bruscamente hacia las 3 o las 4 de la mañana y fui hasta las abruptas rocas que dominan el mar *para acabar de una vez*. Iba en pijama y con un impermeable negro encima y me quedé varias horas sobre las rocas hasta que la luz vino a alejar mis negros pensamientos. Pero, incluso antes de la salida del sol, la belleza del paisaje, aquellas pitas en el camino, el sonido de las olas, el cielo, por último, todo me pareció tan bello, que mi *proyecto* me pareció nulo y, en cualquier caso, precipitado. Si todo es irreal, ese paisaje lo es también, me decía. Es posible, es cierto incluso, me respondí, pero esta irrealidad me gusta, me seduce, me consuela. La belleza no es una ilusión completa, es una ilusión iniciada, un *comienzo* de realidad.

Todo neófito es un aguafiestas. En cuanto alguien se convierte a algo, sea lo que fuere, hay que dejar de frecuentarlo. La convicción como factor de ruptura.

Mi *Lebensfgefühl:*[1] todo lo que sucede no es sino un juego insensato, apenas revelado por alguna vaga intención demoniaca. (Todo lo que emana del Demonio tiene sentido, aunque sea negativo, un fin, aunque sea destructivo. Yo arrastro demasiadas dudas tras mí como para poder creer sinceramente en el Bien o en el Mal, para inclinarme ante la soberanía de uno u otro.)

Lo que se escribe sin pasión acaba aburriendo, aunque sea *profundo*. Pero, a decir verdad, nada puede ser profundo sin una pasión visible o secreta. Preferentemente, secreta. Cuando leemos un libro, sentimos perfectamente dónde ha padecido el autor, dónde se ha empeñado y *ha inventado;* nos aburrimos con él, pero, en cuanto se anima, aunque se trate de un crimen, se adueña de nosotros un calor benéfico. Habría que escribir sólo en estado de efervescencia. Lamentablemente, el culto del *trabajo* lo ha arruinado todo, en particular en el arte. De él, de ese culto, procede la superproducción, auténtico azote, que es funesta para la obra, para el autor, para el propio lector. Un escritor debería, en el mejor de los casos, publicar sólo la tercera parte de lo que ha escrito.

---

1. «Sensación de la existencia, sensación de existir.»

17 de octubre
Mi madre me escribe que ha caído en una melancolía que, «según dicen», añade, «es la de la vejez». ¡Ah! Esa arterioesclerosis familiar. Yo me siento expuesto a ella, pese al régimen que sigo. La herencia es la más terrible forma de fatalidad que existe. Pensar que nuestra suerte y —lo que es más grave— nuestras ideas, la dirección que deben seguir, estaban todas ahí, virtualmente, en la cita de un espermatozoide con un óvulo. Es como para desanimarse. Recordarlo en los momentos en que nos tomamos demasiado en serio.

18 de octubre de 1966, una de la mañana
Muerte de mi madre.
Me he enterado por un telegrama que ha llegado esta noche. Había cumplido su tiempo. Desde hacía unos meses daba señales inquietantes de extrema vejez. Sin embargo, esta misma mañana he recibido una postal suya del 8 de octubre, que no revelaba ningún debilitamiento mental. Decía en ella que era presa de una melancolía, que, según dice —añadía— es la de la vejez. Esta noche, estaba en mi casa J.M.; festejábamos su cumpleaños. Alguien ha llamado; no he abierto. Unos minutos después, he ido a ver si habían dejado una nota o algo. Nada. Una hora después, al ir a buscar un libro, he visto un telegrama metido por debajo de la puerta. Antes de abrirlo, ya sabía yo el contenido. He vuelto sin decir palabra de lo que había ocurrido. Sin embargo, hacia las 11 J.M. me ha dicho que se iba, que yo debía de estar cansado, que estaba pálido. Y eso que he ocultado lo mejor posible mi pena y creo haber estado muy *alegre* todo el rato. Pero debía de haber dentro de mí una labor secreta que se me transparentaba en la cara.

Todo lo bueno o malo que tengo, todo lo que soy, se lo debo a mi madre. Heredé sus males, su melancolía, sus contradicciones, todo. Físicamente, me parezco a ella punto por punto. Todo lo que ella era se agravó y exasperó en mí. Soy su éxito y su fracaso.

He intentado leer a Bloy, sus *Diarios*. Al principio resulta apasionante y después penoso. El automatismo de la injuria, del chantaje, de la pose *sobrenatural* (si es que puedo decirlo así) acaba cansando. Sin embargo, encontramos acentos únicos de él. Un mal humor único. Lo leí hace exactamente treinta años, en 1936, en Sibiu, durante mi servicio militar. Un capitán, Alexius, tenía toda su obra o casi: veintidós volúmenes. Los leí todos, creo. No vuelvo a sentir mi entusiasmo de entonces, pero sería injusto hablar de decepción. Resiste mucho mejor que muchos de sus contemporáneos a los que se sigue leyendo.

La muerte de una persona querida se siente como un insulto personal, como una humillación que se agrava porque no sabemos contra quién arremeter: la naturaleza, Dios o el propio difunto. Es cierto que sentimos rencor por este último, que no le perdonamos fácilmente que haya elegido esa opción. Podría haber esperado aún, consultarnos... Sólo de él dependía que siguiera viviendo. ¿Por qué esa precipitación, ese apresuramiento, esa impaciencia? Seguiría vivo, si no se hubiera *apresurado* tanto hacia la muerte, si no hubiese dado su consentimiento con tanta ligereza.

París: ciudad en la que podría haber ciertas personas interesantes a las que ver, pero en la que se ve a cualquiera, menos a ellas. Te crucifican los fastidiosos.

Me horrorizaría ejercer influencia alguna; sin embargo, me gustaría ser *alguien*... por mi ineficacia. Turbar a las mentes, sí; dirigirlas, no.

Según la tradición, muerta Teresa de Ávila en el convento de Alba, dos religiosas «profanaron» la tumba de la santa para birlarle el corazón. Es que sabían que el obispo de Ávila reclamaba el cuerpo. Lo que es seguro es que aquellas dos religiosas fueron sometidas a «penitencia» y desaparecieron en no se sabe qué convento o cárcel.

Cuando pasamos del cristianismo al budismo, la superioridad de éste sobre el otro es abrumadora. Hemos perdido, sencillamente, el tiempo sometiéndonos a la Cruz.

(Sin embargo, cuando pienso en El Greco, en Rembrandt, o en el Maestro Eckhart, mi repugnancia del cristianismo me parece excesiva, injustificada. ¿Qué hacer?)

El agua me parece inconcebible. Es como si la viese por primera vez y hubiese ignorado hasta ahora su existencia. Vuelvo a descubrir el universo, renazco todos los días. Con tal de que ese estado de revelación no oculte nada mórbido. ¿Puede semejante virginidad «metafísica» presagiar, a mi edad, nada bueno? El caso es que no ceso de sorprenderme ante la presencia de las cosas, ante su novedad, ante su carácter insólito, de algo *nunca visto*. ¿Un segundo nacimiento? O... Estoy ante los elementos, los percibo como el día siguiente al de la Creación.

Byron es exasperante, pero hay en mí algo fundamentalmente impuro que hace que lo envidie siempre que leo un libro sobre él. Mi faceta sardónica seguramente. A eso también se debe mi envidia de Satán.

Me habría gustado vivir en la época romántica, pero nuestro tiempo no me desagrada sobremanera.

He intentado por segunda vez leer en francés *Holzwege*.[1] Me pregunto lo que puede suscitar en un cerebro «joven» ese estilo exasperante, con frecuencia ininteligible, aparentemente profundo. En alemán, no carece de belleza, aunque revela una desmesura y una pretensión totalmente insoportables.

Mi hermana muerta, mi cuñado inválido y mi sobrino desamparado, perdido, incapaz de ocuparse de sus tres hijos: mira por dónde, me veo obligado a ayudarlos, a atender sus necesidades, yo, que siempre he hecho todo lo posible para no perpetuarme, para no tener *herederos* (?!), por un horror instintivo a compartir las responsabilidades de todo el mundo, por un lado, y una

---

1. *Holzwege* (1950), obra de Martin Heidegger; traducción española: *Caminos de bosque*, Alianza Editorial, Madrid, 1997.

intensa repulsión por otro, de todo lo que es *futuro*. Ahora me veo, mira por dónde, bien castigado y ante obligaciones que me resulta imposible esquivar. Hasta ahora he ayudado a mi familia como un diletante; en lo sucesivo, va a ser más serio. Comienza una época *nueva* para mí.

¿Qué hacen ustedes en París? Nos despreciamos los unos a los otros.

Un escritor no debe expresar ideas, sino su ser, su naturaleza, lo que es y no lo que piensa. Sólo podemos hacer una obra verdadera, si sabemos ser nosotros mismos.

Diez siglos de rigor, de metáfora coherente, de lenguaje esclerótico quedaron abolidos en el espacio de unos años, gracias en parte al surrealismo, a la boga de Rimbaud, a las influencias de la ciencia. En esa fase de lenguaje dislocado resulta posible traducir por primera vez al francés a autores considerados hasta ahora intraducibles.

El malestar que sentimos al leer un artículo sobre nosotros, aun favorable, sobre todo si es favorable. Sensación de autopsia, sentimiento muy claro de ser *póstumo*. Y, además, es que todas las observaciones que nos hacen en forma de elogio o crítica son usurpaciones, nos ponen incómodos y las acogemos de tan mal grado como el comentario del profe sobre una redacción. Y es efectivamente eso: el *alumno* Cioran que lee la apreciación del profesor. ¡Qué oficio el de la crítica!

Un punto a mi favor es el de que siempre me ha horrorizado.

Siempre que vuelvo a las *Conversaciones* de Eckerman, me deja estupefacto ver hasta qué punto se engañó Goethe sobre sus contemporáneos. Sólo le gustaban los falsos valores, al menos en literatura. Sus consideraciones sobre sus «rivales» son de tal pedantería, pero todas las reflexiones generales son admirables.

Bloy habla del «escepticismo negro» y de la «oculta mediocridad» de Pascal. Esa «mediocridad», oculta o no, no me parece *absolutamente* falsa, pues es cierto que en Pascal hay un exceso de sentido común que a veces no deja de ser decepcionante.

He leído las cartas de Gottfried Benn a mujeres con el mayor interés. ¡Qué cambio respecto de Rilke!

No hay que corregir la imagen falsa que se tenga de nosotros. El elogio descaminado equivale a la calumnia. Dejemos que circule el error. Sobre todo, nada de desmentir. Un día se restablecerá la verdad, pero tal vez no sea así nunca. ¡Poco importa!

25 de diciembre
Anoche, en casa de los Corbin, audición de *El Mesías;* después, un coro ruso —un canto litúrgico de Glazunov— absolutamente extraordinario. Tres horas de emoción intensa.

Lo terrible en la música es que, después de escucharla, todo carece ya de sentido, pues nada, pero es que absolutamente nada, resiste la comparación, cuando salimos de sus «maravillas». A su lado, todo parece degradado, inútil. Comprendo que se pueda odiarla y que se sienta la tentación de asimilar sus maravillas a prestigios, su «absoluto» a un espejismo. Es que hay que reaccionar a toda costa contra ella, *cuando se la ama demasiado*. Nadie entendió su peligro mejor que Tolstói; lo denunció con vigor, sabía que podía hacer con él lo que quisiera. Y empezó a odiarla para no convertirse en su juguete.

Es inútil escribir sin emoción. Es un prejuicio en mí del que no consigo librarme... para mayor perjuicio mío. Pues, en punto a emoción, soy cada vez más deficiente. Me parece que desciendo cada vez más hacia la sensación, que me encenago en ella y me encamino, así, hacia un terror frío.

Desconfiar de quienes nos imitan. El espectáculo de un «discípulo» no puede ser más desolador. ¡Qué lección de humildad! Eso es lo que al final hemos engendrado, ése es el imitador cuyo modelo somos. Nosotros mismos no éramos sino imitadores: imitadores logrados, *triunfantes*.

Mientras no haga algo que me rehabilite ante mí mismo, voy a arrastrar días y días esos humores agrios, esos sarcasmos automáticos, ese desconsuelo en que se despliega mi inspiración vacía y el luto de mi orgullo. En mí hay *alguien* que me ha abandonado. Yo también debería pensar, como Eveline, en la *Virgen de los Desamparados*. ¿Qué digo? Dirigirle oraciones. Mi vida: ¡qué naufragio en el interior, por mis deficiencias, por mi *culpa!* Yo mismo he creado las condiciones ideales para arruinarla, he *elaborado* mi decadencia.

La gente sólo se interesa por lo que ocultamos. Todo lo que me habría gustado disimular de mi pasado ha acabado sabiéndose, porque de eso precisamente es de lo que les gusta hablar a nuestros amigos y a nuestros enemigos. Al denunciar nuestros secretos, comienzan a encomiarnos o difamarnos.

He leído un libro sobre *Treblinka*.[1] Pesadilla inverosímil, apenas imaginable. Es el horror absoluto, mecánico: el *sistema*. Todos esos libros se parecen; los verdugos son títeres, funcionarios; convencionales, estilo pobres diablos; los jefes siempre nobles con su inevitable sonrisa sarcástica; el academicismo de lo horrible: degradación igual de los verdugos y las víctimas. Sin embargo, el asombro, siempre vivaz, ante el *impenetrable* destino de los judíos. Todos los demás pueblos tienen una historia; ellos, sólo un *destino*.

Me han citado el ejemplo de un perro un poco deslucido que, celoso de otro perro, más joven, que habían traído a la casa, se puso a cojear para provocar piedad y, por tanto, favor. Cuando no lo veían, caminaba y corría normalmente.

1. *Treblinka, la révolte d'un camp d'extermination*, de Jean-François Steiner, con un prefacio de Simone de Beauvoir, Fayard, 1966.

Mis afinidades con el espíritu judío. Gusto de la burla, cierta inclinación a la autodestrucción, obsesiones malsanas; agresividad; melancolía atemperada o agravada por el sarcasmo, según las horas; complacencia con la profecía, sentimiento de víctima siempre, incluso en los momentos de felicidad.

Me juzgarán por lo que haya escrito y no por lo que haya leído. Con demasiada frecuencia pierdo de vista esa verdad de Perogrullo. Siempre, después de haber devorado un libro, me atribuyo algún mérito.

Sólo los hombres dominados por una gran ambición hacen grandes cosas, porque concentran toda su energía en un solo punto. Son obsesos incapaces de dispersión, de negligencia, de descaro.

... Yo soy un obseso que pertenece a la categoría de los *distraídos*. Ése es el secreto de mi ineficacia.

Resulta curioso, de todos modos, que cuanto más avanzo en edad más me *extrañe* el hecho de morir. Siempre he creído que ocurriría lo contrario. Pero cuanto más pienso en ello, más veo que la muerte me resulta inconcebible, inadmisible y vergonzosamente trivial.

En el fondo, estamos aquí para agotar los pocos dones que hemos traído al nacer; acabado el ejercicio, deberíamos retirarnos sin pretender aprovechar los pocos restos de vitalidad que nos quedan. ¡Si supiéramos morir a tiempo! ¡No! ¡Si supiésemos matarnos a tiempo!

Lo más profundo en nosotros es la *preocupación* religiosa. En cuanto se apodera de nosotros, parece como si nos remontáramos a las fuentes mismas de nuestro ser. Y, por lo demás, es cierto, ya que la religión se confunde con nuestros comienzos, con lo mejor que había en ellos.

En vez de gozar del presente, no hago otra cosa que imaginar lo que será su exacta y terrible negación; burla burlando, tropiezo inevitablemente con la muerte. Se trata sin duda de saborear el instante, después de tales...

Adamov se está muriendo en un hospital de París. Esa noticia me ha conmovido más de lo que habría pensado. Las amistades difuntas no son necesariamente amistades muertas.

«... Esa embriaguez de alejamiento que precede y facilita el suicidio.» (Drieu, *Récit secret.*)

Es triste decirlo, pero lo que queda de alguien, digamos de un escritor, es su obra. Nuestros restos no son nada, absolutamente nada. Trabajemos, pese a todo, ya que, además, no tenemos la fuerza de ánimo para querer desaparecer sin dejar rastro. Hacer un libro es una señal de abdicación metafísica. Abdiquemos.

20 de enero de 1967
Una religión es un arte de consolar. Cuando el cura nos dice, a los que estamos afligidos, que Dios *se inte-*

resa por nuestra angustia, es un consuelo cuyo equivalente, en eficacia, nunca se encontrará en una doctrina secular. Nos preguntamos cómo se comportarán los hombres en sus duras pruebas, una vez liquidado el cristianismo. Tal vez en el futuro se deje sentir menos la necesidad de consuelo y, al haber menguado la *esperanza*, lo contrario también mengüe.

La cosa más grave, y también la más frecuente, no es matar, sino humillar. Tal vez sea eso la crueldad en el orden moral. La vemos precisamente en quienes han sido muy humillados. No pueden ni olvidar ni perdonar; sólo tienen una idea: humillar, a su vez. Son verdugos sutiles que saben ocultar su juego y se vengan sin que se pueda acusarlos de inhumanidad.

Comprender es captar con la imaginación lo que se oculta detrás de una frase, un poema, una melodía, los esfuerzos que ha costado concebirlos. Al escuchar hace un rato música tirolense, me decía yo que significaba algo para mí tan sólo en la medida en que percibía y sentía el espacio, las alturas, el paisaje, los valles, los ríos y la nostalgia que de ellos emanaba. En todo hay que remontarse a los orígenes; cualquier otra actitud es superflua. Ser contemporáneo de los comienzos...

13 de febrero de 1967

Mi cuñada acaba de escribirme una carta en la que me dice que mi hermano se encuentra en el umbral de un desplome total. Después de la muerte de nuestra madre, parece haber dicho que de este año no pasará. Después vino la desaparición de nuestra hermana. Al parecer sufre una «insatisfacción» profunda: cree haber malogrado su vida, se lamenta de no haberse «realizado». Esa obsesión es muy de nuestro país, donde ha cobrado una forma totalmente enfermiza, aunque la encontremos por doquier, incluso en las sociedades más felices. Sin embargo, habría que deshacerse de ella, pues, ¿qué puede significar estar «realizado» o no? «Realizado», ¿respecto a quién? Mi experiencia es bastante larga: entre la gente supuestamente no realizada, he encontrado los especímenes humanos más interesantes, mientras que los otros, los que, para el hombre medio, han triunfado, eran una pura nada. Los que se habían «realizado» carecían precisamente de «realidad».

Pero, ¿cómo voy a escribir estas cosas a mi hermano?

Si mis escritos no encuentran prácticamente eco, es porque no responden a las necesidades de mis contemporáneos. Son demasiado subjetivos, es decir, inoportunos. No sigo el movimiento, sólo pertenezco a la época por el frenesí. Además, no infundo la menor ilusión; ahora bien, los hombres no se agrupan en torno a un mensaje lúcido hasta la destrucción.

La predestinación me fascina tanto como en otro tiempo la desgracia. En realidad, es la misma palabra. No poder ser otro que el que eres. Yo soy *incambiable* y sufro por ello a cada instante. ¡Dadme otro yo mismo!

Leo, entre el embeleso y la exasperación, una vida de Simone Weil. Su inmenso orgullo me asombra aún más que su inteligencia.

122

Cada vez pienso más en los sufrimientos que carecen del menor sentido, que no sirven para nada, y me sublevo contra la ilusión cristiana que confiere a todos un grande, inmenso significado. El paganismo se engañaba menos, a fin de cuentas. Con el cristianismo, sensación de ser engañado, precisamente cuando me colma. Volvamos a los antiguos. ¡Qué error haber *creído* en la santidad!

Hay que aferrarse a una tarea y sumirse en ella; es la única forma de suprimir ese intervalo que nos separa de las cosas y del que está hecha la conciencia. Conciencia, es decir, no participación, mi estado habitual.

Tres libros de Chestov que acaban de reeditar uno tras otro. No siento deseo de releerlos. Me haría remontarme demasiado lejos en el pasado. Chestov me liberó de la filosofía. Es una deuda de gratitud que tengo para con él, pero no quiero volver a sumirme en sus libros. Ya no necesito sus lecciones de *desasosiego*. Ya he hecho bastantes progresos al respecto yo solo.

Mi hermano me pide que le envíe lo que publico. No sabe que ya no escribo nada. Como ya es bastante desgraciado así, no quiero empeorarlo poniéndolo al corriente de mi lamentable estado. ¡Que al menos conserve algunas ilusiones sobre mí! Eso puede sostenerlo en cierto modo, si es que algo puede sostenerlo aún.

La cosa más difícil es renovar nuestras admiraciones. Sólo admiramos de verdad hasta los veinte años. Después, sólo son arrebatos o caprichos.

Me gustan las civilizaciones antiguas separadas del mundo, encerradas en sí mismas, que durante siglos han rumiado siempre los mismos problemas, civilizaciones obsesas, que encontraron su fórmula de salvación hace mucho y sólo viven para darle vueltas y más vueltas en todos los sentidos sin añadirle nada nuevo. Pero ése es el auténtico trabajo de profundización.

Visita de un profesor japonés. Tadoo Arita, y su mujer. La verdad es que ese pueblo tiene clase. ¡Ni el menor rastro de vulgaridad! Tienen «estilo», como los franceses debían de tenerlo en otro siglo y como los ingleses tienen aún un poco. Rigidez y gracia... paradójicamente combinados.

25 de marzo
Víspera de Pascua. París se vacía. Este silencio tan inhabitual como en pleno verano. ¡Qué feliz debía de ser la gente de antes de la era industrial! Pero no, ignoraban completamente su felicidad, como nosotros ignoramos la nuestra. No bastaría con imaginar en detalle el año 2000 para que tengamos, por contraste, la sensación de estar aún en el Paraíso.

Arrastro tras mí jirones de teología... Nihilismo de hijo de pope.

Mi lucha con la lengua francesa es una de las más duras que imaginarse puedan. Se alternan en ella victoria y derrota... pero yo no cedo. Es el único sector de mis actividades en el que muestro cierto empeño. En todo lo demás, considero un deber flaquear.

Me he sumergido de nuevo en la filosofía hindú y he vuelto a encontrarme con esa alternancia de sosiego y desesperación, inherente a esa filosofía. El budismo mahayana, al que, sin embargo, me siento tan próximo, me desarma completamente. La dialéctica de Nagarjuna, la de Çandakirti, de Çantideva, destruye todos los conceptos, todas las supersticiones, para que, una vez reafirmada más que nunca el vacío como única «realidad», nos aferremos a ella y obtengamos de ella consuelo y fuerza para dominar nuestras pasiones. La intención moral es evidente detrás de ese despliegue de argumentos destructores: se aniquila todo para encontrar la paz al final. Mientras algo sea, vivimos en la confusión. Aniquilemos todo el edificio de nuestros pensamientos y nuestras «voliciones» y descansemos sobre sus ruinas. Sólo hay *pax* si hemos adivinado que todo es fantasmal; en cuanto algo existe, entramos en el drama. Habría que decir: en cuanto *creemos* que algo existe... pues se trata simplemente de nuestras locuras y nuestros arrebatos, que nada ocultan tras sí, ya que *nada* hay, además de ellos.

La francesa es una lengua que no soporta el candor, a la que repugnan los sentimientos demasiado sinceros, demasiado *ciertos*. Parece como si hubiera quedado marcada para siempre por la sutil corrupción, por la perversa abstracción, del siglo XVIII.

En el techo de una casa vecina, un tejador español se ejercita en el cante flamenco bajo un siniestro cielo gris. Esa voz ronca y lastimera me conmueve profundamente. Si me hiciese caso a mí mismo, me marcharía al instante a Andalucía.

La autobiografía de Ignacio de Loyola. Cualquier conquistador parece un abúlico a su lado.

La única *reforma* que me convendría sería la de mi voluntad.

6 de abril
He pasado la tarde con una señora que quería conocerme. Durante dos horas me ha hablado de sí misma. Al final, me ha dedicado, de todos modos, cinco minutos. Sin embargo, en modo alguno es antipática, es *humana* incluso en el mejor sentido de la palabra.

Un libro sobre tal coloquio, sobre tal otro, todo el mundo escribe sobre todo el mundo. El circo de la gran esterilidad. Siglo de críticos. Sincretismo funesto. La inteligencia que se agota consigo misma.

El error más grave que puede cometer un escritor es el de proclamar que no lo aprecian en su justo valor.
Tenemos el derecho a quejarnos como hombres, pero no como escritores.

Ataco a todo el mundo y nadie lo advierte. La violencia gratuita... ¿hay algo más lamentable? Agotarse asestando golpes ninguno de los cuales surte efecto, atacar a todo el mundo sin que nadie lo advierta, ¡lanzar flechas cuyo veneno eres el único en sentir!

He hojeado el libro de Barthes sobre Racine: bastante notable, pero asfixiante. ¡Qué lenguaje! Un crítico no debería frecuentar nunca los tratados de *psicología* y menos aún de psicoanálisis. Barthes tilda a Jules Lemaître (al que no ha leído) de crítico vulgar. Pero, si Lemaître hubiera empleado la jerga filosófica de su época, no sería, evidentemente, vulgar: sería *ilegible*. Lo que hoy se llama renovación de la crítica consiste en adoptar un lenguaje exterior, extraño a la literatura. No hablar como los escritores, sino como los filósofos, los sociólogos y demás. Toda la crítica actual se hace en nombre o de Marx, Freud, Heidegger o de cualquier otra disciplina nueva cuya terminología se ha adoptado.

Anoche, estaba yo explicando a un inglés que, cuando un francés cuenta un acontecimiento que ha presenciado, se concede un lugar privilegiado, se coloca en el centro de la historia. Media hora antes, le había contado la entrada de De Gaulle en París, cuando la Liberación. Era tan alto, sobrepasaba hasta tal punto a los otros, que yo, que estaba en la plaza de la Concordia, pude divisarlo en la Etoile, en el momento en que se disponía a bajar por los Campos Elíseos. Y añadí para el inglés: «Cuando le he descrito antes aquella escena —De Gaulle en la Etoile y yo en la plaza de la Concordia— estaba reaccionando como un *francés*, ha sido en verdad un *reflejo francés* el que me ha dictado esa descripción».

1 de mayo

Nada me exaspera tanto como leer a un filósofo o un crítico que te dice en cada página que su método es «revolucionario», que lo que dice es importante, que nunca se había dicho, etcétera, etcétera. ¡Como si no fuese el lector capaz de advertirlo por sus propios medios! Sin contar con que en una invención de la que se sea demasiado *consciente* hay cierta indecencia. La *originalidad* deben sentirla los otros, no uno mismo.

La orina de vaca era el único remedio que los monjes estaban autorizados a utilizar en las primeras comunidades budistas. Y, si reflexionamos al respecto, resulta justo y normal. Si se persigue la paz, no se puede alcanzar de otro modo que rechazando todo lo que es factor de confusión, es decir, todo lo que el hombre ha añadido a la sencillez original. Multiplicar los remedios es volverse esclavo de ellos. No es ése el camino de la cura ni el de la salvación. Nada revela mejor nuestra decadencia que el espectáculo de una farmacia: todos los remedios que se quiera para cada uno de nuestros males, pero ninguno para nuestro mal esencial, para aquel del que ninguna invención humana puede curarnos.

Puede haber felicidad en el apego, pero la beatitud aparece sólo allí donde se ha roto todo apego. La beatitud no es compatible con este mundo. Es la que busca el monje, por ella destruye todos sus vínculos, por ella se destruye.

Cada uno de nosotros hace lo contrario de lo que quería. Ésa es la clave de cada destino, al tiempo que una ley de la Historia. Hitler, que llegó en todo punto a la negación de lo que había proyectado, podría ser perfectamente el símbolo del hombre en general.

El aburrimiento no es *cómplice* ni víctima de nada. Resulta de la distancia a que nos encontramos de toda cosa, del vacío intrínseco de toda cosa sentido como un mal a la vez subjetivo y objetivo. Así, pues, en sus operaciones no interviene clase alguna de ilusión; cumple las condiciones de una búsqueda. El aburrimiento es una *investigación*.

En mi juventud, en Rumania, el trastorno mental, el insomnio, las singularidades, la melancolía, el genio e incluso el talento, por insignificante que fuera, se explicaban invariablemente ora por la masturbación ora por la sífilis. En aquella época, era tan fácil ser enfermo como psiquiatra. Unos y otros se lo tomaban con calma. Era la época ideal, el *antiguo régimen* de los trastornados.

Visitas, visitas. Me devoran, me vampirizan. Habría que suprimir el teléfono o abandonar París. Mis compatriotas tiran de mí hacia atrás, me devuelven a mis orígenes, a todo aquello a lo que no he dejado de dar la espalda. Ya no quiero recordar nada. ¡Al diablo mi pasado, mi infancia y lo demás! No se puede escapar de lo que se ha querido rehuir. Me persiguen fantasmas, mal exorcizados, de mis primeros años.

Sobre la imposibilidad para un occidental de *asimilar* las doctrinas orientales. El testimonio de un católico que dice no haber encontrado en la India ningún europeo que no fuera orgulloso, pagado de sí, incapaz de despersonalizarse. Un hindú le habría dicho que habría que enviar a esos buscadores de la sabiduría a cuidar leprosos durante un año.

Escribir un libro, publicarlo, es ser esclavo de él. Pues todo libro es un vínculo que nos ata al mundo, una cadena que hemos forjado nosotros mismos. Un «autor» no llegará nunca a la liberación plena: será un simple veleidoso en todo lo relativo a lo absoluto.

Un rabino hasídico, que proyectaba un libro, pero no estaba seguro de poder escribirlo para el mero placer de su Creador prefirió —ante la incertidumbre— renunciar a hacerlo.

Lo único que podría aliviarme sería atacar violentamente a éste o aquél. Pero esa escapatoria ya no me está permitida: sería infligir un mentís a todo lo que pienso y a todo lo que profeso. Mantenerme apartado ha llegado a ser, en efecto, mi norma de conducta, una cuestión de honor intelectual.

Mi escepticismo es el disfraz de mi neurastenia.

Hoy explicaba a Piotr Rawicz[1] que mi política era la del caracol: esconderme, retirarme, *salir* sólo si se tercia. Me responde que no es tan sencillo, que, de todos modos, el mundo nos solicita. Convengo en ello. «Soy un falso *caracol*», le digo.

Diez días de jardinería. Es preferible, de todos modos, a diez días de biblioteca. Entre labrar y leer, mi opción está clara. Además, prefiero manejar la pala a una pluma.

Las cosas sólo tienen importancia en relación con el *presente;* en cuanto pertenecen al pasado, tienen toda la irrealidad de lo caduco. El bien y el mal son en la misma medida categorías del presente. El verdadero crimen es el reciente; cuando se evoca uno perpetrado hace mucho tiempo, sería ridículo emitir un juicio oral sobre él. Con la distancia nada es ya bueno ni malo. Por eso, el historiador que toma partido, que se pone a juzgar el pasado, reacciona como polemista: hace periodismo *en otro siglo.*

17 de octubre
Las doce y media de la madrugada. Un año después de la muerte de mi madre. Es como si no hubiera vivido. Sólo *existe* aún en el recuerdo de mi hermano y en el mío; por lo demás, olvido. ¿Se puede llamar *sobrevivir* al hecho de perpetuarse en la memoria de dos personas débiles y amenazadas?

---

1. Sobre Piotr Rawicz, véase supra, pág. 95.

19 de octubre
Día extraordinariamente hermoso. Hemos caminado seis horas —mediante rodeos— de Saint-Rémy-les-Chevreuse hasta Saint-Chéron. La felicidad para mí: *caminar por una carretera solitaria.* Lo que quiere decir que ya no se puede ir al campo en domingo.

Martin Buber, después de haber jugado a apóstol durante cuarenta o cincuenta años, descubrió el amor... físico justo al final de su vida. Las cartas que escribió a su amante representan, al parecer, una negación de las ideas que había profesado hasta entonces. Por eso, sus discípulos no quieren que se publiquen. Resultaría menoscabado el prestigio de Israel. En el fondo, Buber debería haber escrito unas *Confesiones;* al revés de las de San Agustín, las suyas habrían sido una *conversión* a la sensualidad, una rehabilitación de los sentidos a expensas del *alma.*

6 de noviembre
Ayer, hacia medianoche, un español (o sudamericano) me pidió que le indicara la estación de metro más próxima. Como no comprendía el francés, lo hice —bastante mal— en español. Después, para agradecérmelo, me dio una palmada en el hombro y me estrechó la mano como si fuéramos viejos conocidos.

Unos días antes, un inglés me preguntó por la dirección de una tienda en la Rue de Tournon. Lo acompañé hasta la tienda, que estaba cerrada. Entonces me informé en la portería sobre el horario de apertura. Intenté trabar conversación con el inglés, le dije que este verano había visitado Londres; no hubo manera de arrancarle una palabra. Sí, una sola: *I appreciate.*

El *solícito* y el *retraído:* de esos dos tipos humanos, el segundo es, evidentemente, el que tiene más clase.

Susan Sontag escribe, en su prefacio a la edición americana de *La tentación de existir*, que mi ensayo sobre los judíos es el capítulo más superficial, el más apresurado del libro. Yo creo, al contrario, que es el mejor con mucho. ¡Hasta qué punto carecen de instinto esos críticos! Un texto tan apasionado no puede ser *cursory*,[1] lo llevé dentro de mí durante años. ¡Y qué idea la de declarar superficial una cosa, porque no nos guste!

16 de diciembre
La enfermedad es una realidad inmensa, la propiedad esencial de la vida, no sólo todo lo que vive, sino también todo lo que *es*, está expuesto a ella: la propia piedra está sujeta a ella. Sólo el vacío no está enfermo, pero, para tener acceso a él, hay que estarlo. Pues ninguna persona *sana* podría alcanzarlo. La salud *espera* a la enfermedad; sólo la enfermedad puede propiciar la negación saludable de sí misma.

18 de diciembre
Valéry contó en mi evolución intelectual: no, en mi toma de conciencia del lenguaje. Pero hace mucho que dejó de interesarme. Ya había obtenido todo lo que podía de él. ¿Para qué leer todo eso que conozco y que ya no me aporta nada? Siento malestar al volver a encon-

---

1. «Superficial.» El prefacio de Susan Sontag está traducido en la recopilación *Sous le signe de Saturne*, Le Seuil, 1983. Traducción española: *Bajo el signo de Saturno*, Edhasa, Barcelona, 1987.

trarme ante tantas fórmulas brillantes y muchas veces huecas; ese lenguaje *adornado* me cansa... y todas esas pretensiones serían intolerables, si no tuviera como contrapartida un desengaño muy real que se eleva a veces hasta la desesperación *intelectual*. (¡Qué fastidioso es *juzgar* una mente, tanto elogiándola como censurándola! ¡Y qué pesado es entregarse a ese tipo de actividad por razones estrictamente económicas.)

31 de diciembre
Hoy, he hecho unos treinta kilómetros por la región de Etréchy y Boutigny. Nieve que cae, carreteras solitarias. Ir sólo por una carretera, sólo con mis pensamientos, ¡e incluso sin ellos!... ¡cuánto me gusta! Lejos de esas ciudades de cadáveres, pues París no es otra cosa que un cementerio bullicioso.

Tengo que describir a Valéry y no lo consigo. Es que pertenece, a pesar de todo, a la literatura (en vano lo negó, correspondía a ella esencialmente) y estos últimos tiempos he estado a mil leguas de ella. Todo lo que es literatura me resulta extraño. Me disponía a estudiar a Nagarjuna y su concepto de *suniata*, que es, de todos modos, algo distinto de la Nada de Valéry.

En mi texto sobre el suicidio, olvidé precisar que en mí el suicidio es una idea y no un *impulso*. Eso explica las contradicciones, las cobardías, los titubeos que ese gran tema me inspira.

3 de enero de 1968

Acabo de encontrarme con Celan, al que no había visto desde hacía un año; ha pasado unos meses en un hospital psiquiátrico, pero no habla de ello. Se equivoca, pues, si lo hiciera, no tendría ese aire *violento* (y que siempre tenemos cuando disimulamos algo capital que *todo el mundo ha de conocer*). Cierto es que no es fácil hablar de nuestras crisis. ¡Y qué crisis!

Es muy acertada esa idea de Musil de que los filósofos son unos *Gewalttäter*[1] y que los grandes sistemas siempre han sido contemporáneos de regímenes tiránicos.

14 de enero

Domingo por la mañana: acabo de oír en la radio un sermón sobre los niños y la muerte, en el que citaban fragmentos de cartas sobre todo de niñas (de unos diez años) enfermas, o palabras de niños a punto de morir, o niñas más bien, pues siempre se trata de niñas. Al terminar, el cura casi sollozaba, y yo he estado a punto de llorar...

P.S.: Pues he llorado. No conozco nada más desgarrador que las últimas palabras de un niño. Ese cura ha citado algunas, que me han conmovido profundamente. Ese tipo de patetismo es seguramente *facilón*, pero, ¡qué importa!

Nunca olvidaré la emoción que sentí, hace mucho tiempo, cuando leí en Barrès la «anécdota» siguiente: un niño (siete, ocho años) enfermo se había encerrado en

---

1. «Déspotas.»

un completo mutismo. Lo velaba su padre. Un día, el niño rompió el silencio para decir sólo estas palabras y qué palabras: «Papá, me aburre morirme».

Pensar por vocación o por oficio: en los dos casos, hay *necesidad*. La única diferencia es la de que una es interna y la otra externa. *En cantidad*, esta última puede más con mucho que la primera: se le deben casi todas las luces y las invenciones *secundarias*. La escoria, en una palabra, la casi totalidad del equipaje humano.

Todo lo que soy, lo poco que valgo, se lo debo a la extrema timidez de mi adolescencia. Mi faceta *Tonio Kröger*.

Mis dos virtudes, mis dos vicios: la indolencia y la violencia, la apatía y el grito, la lamentación y el cuchillo.

Necesito el *aciago* demiurgo como una indispensable *hipótesis de trabajo*. Prescindir de él equivaldría a no entender nada del mundo *visible*.

Acabo de corregir la versión alemana de los *Silogismos*. ¡Qué fatiga! Hay tanto mal humor en ese libro, que resulta repugnante e intolerable. ¡Con qué gozo he escuchado, después de ese ejercicio sofocante, la Misa que Scarlatti compuso el año de su muerte! Se hace una obra con pasión, no con neurastenia ni con sarcasmo siquiera. Incluso una negación debe tener algo de exaltante, algo que nos eleve, que nos ayude, nos *asista*. Pero estos *Silogismos*, atrozmente corrosivos, son vitriólicos, no ingeniosos.

La Rochefoucauld es el moralista que más me gusta. Me gusta en él esa amargura que debía de ser constante, cotidiana, para haber impregnado hasta tal punto su pensamiento. Además, ¡qué delicadeza de giros, qué primor para ennoblecer mediante la forma una bilis tan ostensible! Nada valoro tanto como la amargura *elegante*.

El argumento de los antiguos contra el miedo a la muerte —¿por qué temer la nada que nos espera, cuando no difiere de la que nos precede?— no se sostiene, es inconcebible incluso como consuelo. *Antes* no éramos, ahora somos y esa cantidad de ser que representamos es la que teme desaparecer. Pero *cantidad* no es la palabra apropiada, pues todo el mundo se prefiere o, en el peor de los casos, se considera igual al universo.

Fracaso en cascada.
¿Cómo reaccionar ante un *golpe bajo* que te ha asestado un amigo? Si adoptas una actitud *noble*, caes en la falsedad; si te vengas, eres tan indigno como él; pero, en este último caso, al menos no hay mentira.

No hay que tragarse el despecho; al contrario, hay que soltarlo: la única forma de deshacerse de él. Los médicos son quienes almacenan bilis; hay que liberarse de ella, verterla en cualquier circunstancia.

Para vengarme de ese imbécil de J., he escrito cartas a nuestros amigos comunes, en las que lo he colmado de sarcasmos e injurias. ¡Qué alivio, después! Los peores malvados se encuentran entre los tímidos y los taciturnos: los que no se atreven o no pueden *palabrear*.

¡Qué extraordinaria sensación, para un escritor, la de ser *olvidado!* Ser póstumo en vida, no ver ya tu nombre en parte alguna. Pues toda literatura es una cuestión de nombre y nada más. *Tener un nombre*, la expresión lo dice todo. Pues bien, tal vez valga más no tener ya nombre, si es que se ha tenido alguna vez, que tenerlo. Ése es el precio de la libertad. De la libertad y, más aún, de la liberación. Un *nombre*... es lo único que queda de una persona. Me deja estupefacto que se pueda sufrir y atormentarse por tan poca cosa.

Cuanto más lo pienso, más comprendo la inutilidad y nocividad de la violencia. Pero nada se puede contra las reacciones del humor, contra el temperamento. En todo lo que me ocurre, mi primera reacción es de violencia; cedo y me entrego a ella hasta la furia, hasta la epilepsia... después, con ayuda de la fatiga, me calmo y me desintereso del objeto o del pretexto que me ha puesto fuera de mí. La conclusión que se debe sacar de ello es la de que la *razón* está en el escepticismo y siempre se debería comenzar por él. Pero precisamente de eso es de lo que no soy capaz. Si no, ya hace mucho que habría resuelto todos mis problemas.

Al contrario de lo que se piensa, los sufrimientos te apegan a la vida: son *nuestros* sufrimientos, nos sentimos halagados de poder soportarlos, demuestran que somos personas y no espectros. Y tan virulento es el orgullo de sufrir, que sólo lo supera el de haber sufrido.

Mi pasión por Talleyrand: veo la explicación en que estoy harto del escepticismo en palabras y me satisface ver a alguien que la ha plasmado en la práctica, en norma de acción.

5 de abril
Cuatro días caminando, de Beaugency a Sancerre. De Sury-en-Vaux a Sancerre, paisaje de Urbino... Por una carretera solitaria cerca de Vailly, encuentro con una campesina que guardaba cabras. Muy inteligente. Hablamos de la huida de la ciudad, de las ciudades abandonadas, de los dramas de la «concentración parcelaria». Nos pregunta adónde vamos así, a pie, sin rumbo. «A mí», nos dice, «me gustaría mucho esa vida errante...» En el pequeño rebaño hay un cabrito que nos acompaña, que ya no quiere separarse de nosotros. La campesina me dice que tiene un hijo carnicero, que no le gusta matar corderos, porque *se agitan* después de haberlos matado... Y hablamos y hablamos. Parece que estuviéramos en un pueblo perdido en Rumania o en Rusia (pienso en aquella campesina que Rilke encontró en un pueblo de este país y con la que estuvo hablando durante horas)...
Sensación de vida *verdadera*.

Esa campesina, hablando de su padre, que ahora tiene ochenta y cuatro años, decía que se levantaba antes de salir el sol, a las 4 de la mañana, y trabajaba «de sol a sol».

Siempre he sentido una irreprimible necesidad de ser injusto con quienes han contado en mi vida, con aquellos a los que he venerado. Deseo de liberarme, de romper las cadenas de la admiración.

Así, pues, no se trata de ingratitud, lo que sería demasiado simple, sino de aspiración a encontrarme, a ser yo mismo. Y sólo podemos ser nosotros mismos a expensas de nuestros ídolos.

Aunque esté bastante «blindado», no ceso de admirar todo lo que ocurre; voy de sorpresa en sorpresa, de consternación en consternación: ¿para qué me ha servido, entonces, mi escepticismo? Para asombrarme un poco más y comprender la inutilidad de mis asombros.

Cuando nos lamentamos de algo, siempre llevamos nuestro propio luto, siempre lloramos por nosotros... no por egoísmo, sino porque toda pena se alimenta de sí misma, de su propia sustancia.

La lucidez sin ambición es pura y simplemente la nada. Para que una obra sea posible, para producir cualquier cosa, es necesario que una se apoye en la otra, que una luche contra la otra *sin victoria*.

La hipertrofia —o, mejor dicho, el *vicio* de la lucidez— destruye todos nuestros actos *futuros*.

La desesperación que no desemboca en Dios, que no se topa con él, no es verdadera desesperación. La desesperación es casi indistinta de la plegaria, es, en cualquier caso, el germen de todas las plegarias.

Mis preferencias: la edad de las cavernas... y el siglo XVIII. Pero las grutas desembocaron en la Historia y los salones en el Terror.

Hace unos años compré una edición antigua de Marco Aurelio, que llevaba esta dedicatoria: «Que sea para ti amigo en las horas difíciles y que te ampare como me amparó a mí».
No conozco un elogio más bello, aplicado a un libro, que ese «amigo en las horas difíciles».

Tantos años en que no hemos hecho otra cosa que trabar lazos; cuando comprendemos que no ha servido para nada, es demasiado tarde para desatarlos: le hemos cogido gusto a las cosas y resulta infinitamente más difícil alejarse de ellas que aferrarse a ellas.

Para que el desapego fuera posible, sería necesario que se aprendiese con el alfabeto y que supiéramos desde el principio que desear es trascender el deseo, vivir es colocarse por encima de la vida.

No es casualidad que la Trapa naciera en Francia. Pero se me dirá: ¿acaso no son más habladores el italiano o el español que el francés? Seguramente, pero no se *escuchan* al hablar, mientras que el francés *saborea* su elocuencia y nunca *olvida* que está hablando; es sumamente consciente de ello. Sólo él podía considerar el silencio una forma extrema de ascesis.

Walpole escribía en 1765 que la religión en París era el *ateísmo* y que, en ciertos medios, el propio Voltaire estaba considerado un «beato» (porque tuvo la debilidad de reconocer la existencia de un creador).

No leer a los escritores *de los que se habla*.

Leer únicamente por necesidad y por azar, según se presente. Casi todos los libros que he leído por recomendación de tal o cual artículo no han tenido futuro. Fenómenos de época y nada más.

Vale más leer por gusto a un autor *superado* que por esnobismo a un autor de moda. En el primer caso, nos enriquecemos con la sustancia de otro; en el segundo, consumimos sin provecho.

Timón de Atenas comenzó como bailarín. Buen comienzo para un escéptico.

La diferencia entre un hombre de acción y un pensador es la de que un pensador no comete ni puede cometer —nunca— una falta trágica; por eso no *juega* ni puede jugarse la vida... mientras que el hombre de acción no hace otra cosa.

Lunes

He visto a Adamov en el parque del Luxemburgo. Parecía contento. ¡Hace tantos años que no hablamos! ¿Por qué? En París nunca sabes a qué atenerte con una persona. Una palabra dicha en alguna parte y que ha llegado transformada a los oídos de alguien que la ha repetido a otro, etcétera.

No veo por qué razón habrían de durar las amistades más que las pasiones o los sentimientos ordinarios (estima y demás).

A la edad en que yo escribía en rumano *Cartea Amagirilor*[1] (¿veinticinco años?) vivía con tal intensidad, que temía, literalmente, acabar fundando una religión... En Berlín y en Múnich tuve éxtasis frecuentes... que seguirán siendo para siempre las *cumbres* de mi vida. Desde entonces sólo he tenido simulacros.

En todo el mundo, pero en particular en Francia, todo está regulado por un principio de contagio: no se resiste a la moda, sea la que fuere. De lo que se trata es de estar al día. Esa manía es una causa de renovación al mismo tiempo que de frivolidad. Hay que encontrar en uno mismo un principio de cambio; todo lo que viene de fuera es insignificante.

1. *Cartea Amagirilor* se publicó en Bucarest en 1936; traducción española: *El libro de las quimeras*, Tusquets Editores, col. Marginales, n.º 151, Barcelona, 1997.

A la larga, la tolerancia engendra más males que la intolerancia: ése es el drama *real* de la Historia. Si esta afirmación es cierta, no hay acusación más grave contra el hombre.

He combatido todas mis pasiones y he intentado seguir siendo escritor. Pero es una cosa casi imposible, pues un escritor sólo lo es en la medida en que salvaguarda y cultiva sus pasiones, las excita incluso y las exagera. Escribimos con nuestras impurezas, nuestros conflictos no resueltos, nuestros defectos, nuestros resentimientos, nuestros restos... adámicos. Somos escritores tan sólo porque no hemos vencido al hombre antiguo. ¿Qué digo? El escritor es el triunfo del hombre antiguo, de las viejas taras de la Humanidad; es el hombre *antes* de la Redención. Para el escritor, no ha llegado, efectivamente, el Redentor o su acción redentora no ha dado resultado. El escritor se felicita del error de Adán y sólo prospera en la medida en que cada uno de nosotros la renueva y la hace suya. La Humanidad tarada en su esencia es la que constituye la materia de toda *obra*. Sólo se crea a partir de la Caída.

Siento auténtico *afecto* por las agudezas de Tocqueville.

Toda literatura comienza con himnos y acaba con ejercicios.

No hay nada que hacer: para todo lo que es actitud en la vida, sólo puedo fiarme de los antiguos. De los modernos sólo me interesan las extravagancias, las fanfarronadas, los caprichos y una pizca de tragedia de la que no son conscientes.

Mi única excusa: no he escrito nada que no haya surgido de un gran sufrimiento. Todos mis libros son resúmenes de duras pruebas y desconsuelos, quintaesencia de tormento y de hiel, son todos ellos un solo y mismo grito.

Todas estas cartas de Rumania me ponen, literalmente, enfermo. Amigos o desconocidos que cuentan conmigo, que vienen a París, *¡por mí!* Cuando pienso hasta qué punto soy un peso para mí mismo, la idea de ser un apoyo para algún otro me da a la vez vértigo y asco.

Estoy escuchando el quinteto para clarinete... que ha marcado mi vida. Siempre que lo escucho, no puedo olvidar que Mozart lo escribió al mismo tiempo que el *Réquiem*... es decir, durante el último año de su vida.

La causa de la irresolución habitual que padecía La Rochefoucauld hay que buscarla en su *melancolía*. Pues la melancolía mina todos los actos: no podemos comenzar uno sin que ya lo haya socavado. Es una falta de adhesión al mundo; por ello mismo invita a *vacilar* antes de emprender cosa alguna dentro de ese mismo mundo.

X me dice que las instituciones de aquí tienen algo de *podrido*. Le indico que esa expresión es inexacta: *esclerótico*, habría que decir, pues *podrido* significaría que conservan aún algo de vida.

¿Habré hablado aquí de mi intoxicación con tabaco? Hace dos meses decía yo a un cirujano australiano, quien había venido a cenar a nuestra casa, que yo fui un fumador tan empedernido, que me resultaba imposible tomar la menor decisión sin encender un cigarrillo y acabé considerando intolerable aquella dependencia total, aquella esclavitud. Cuando dejé de fumar, fue una auténtica liberación.

El cirujano, que parecía visiblemente interesado por lo que yo decía, me contó que él había llegado al mismo punto que yo y que una vez, en medio de una grave operación, se detuvo bruscamente, al no poder decidir en qué sentido debía continuar. Conque abandonó el quirófano y salió a fumar un cigarrillo. *Después*, sin dificultad, *supo* lo que debía hacer, tomó una resolución que resultó acertada, pues la operación, pese a sus aprensiones, iba a ser un éxito.

Desde que no fumo, me siento menos capaz para afrontar los problemas de la vida práctica (¡sin contar el descenso del rendimiento intelectual que siguió!), pero, en fin, ya no tengo la sensación de estar enfeudado a un veneno, a un amo despiadado.

No quiero recibir a mis antiguos amigos. La idea de esa confrontación me pone fuera de mí. No quiero ver hasta qué punto han decaído, como tampoco quiero que vean hasta qué punto he decaído yo mismo. Además, está el miedo que siento ante cualquier abuso de la emoción y también de esas demostraciones expansivas a que tan aficionados son mis compatriotas. Ya no quiero saber nada con mi pasado, voy a olvidarlo, no me inspira en modo alguno, no logro sacar nada de él. ¡Que mis antiguos amigos se eclipsen! Soy un viejo loco, huyo de mis *testigos*.

¿Por qué soy un fracasado? Porque he aspirado a la *felicidad*, a un gozo sobrehumano, y porque, al no poder alcanzarlo, me he hundido en lo contrario, en una tristeza subhumana, animal, peor incluso, en una tristeza de insecto. He deseado el gozo que se saborea junto a los dioses y sólo he obtenido esta postración de termita. No sé qué pudo detenerme en el camino de la felicidad. Seguramente no estaba hecho para ella. Como siempre en mi caso, la *predestinación* lo explica todo. Me creía destinado a llegar a ser un místico (¡como si se pudiera llegar a ser místico! Místico se *es)*... pero conviene decir que era propio de mi temperamento ser un escéptico —o, mejor dicho, un *herético*— del escepticismo.

En el fondo, el escepticismo está en los antípodas de la felicidad. Caí en la duda porque apunté demasiado alto. El escéptico es un místico fracasado. Se embarranca en la duda, porque había dado por sentados sus fervores y, al verse abandonado por éstos, ya sólo le quedaba la posibilidad de aferrarse a una doctrina que los denuncia, impugna su valor y los reduce a arranques de humor, superficiales y sin dimensión metafísica: caprichos o alteraciones de la psique. El escepticismo es un autocastigo: es que el escéptico no puede, efectivamente, perdonarse por haberse detenido en el camino. Y se venga contra lo que ha perseguido, incrimina el ideal que no ha podido alcanzar, lo rebaja y lo ridiculiza, se golpea a sí mismo mediante su sueño más antiguo y más caro.

Leo en alguna parte: Nerón es la crueldad en persona. No es cierto. Fue el *miedo* en persona. Cosa muy diferente.

Si encontrara una definición exhaustiva de la ansiedad, no escribiría —creo— una palabra más y consideraría mi carrera triunfalmente concluida.

Cuando quiero escribir algo, mientras espero una visita, me siento tan violento como si me apuntaran con una ametralladora.

¿Es posible que haya accedido a conceder una entrevista a un semanario que tira millones de ejemplares? Me avergüenzo de ello, pero no es la primera vergüenza de mi vida. Tal vez no lo hubiese hecho, pero tengo cierto deseo de *existir* en otra parte, dado que en Francia carezco incluso del estatuto de fantasma.

«Toda la filosofía no vale una hora de dolor.» Desde mi época de insomnios he hecho inconscientemente esta afirmación de Pascal, siempre que he leído o releído a un filósofo.

El solitario que pacta con el mundo es más despreciable que el hombre frívolo que hace profesión de frivolidad y, por tanto, es honrado consigo mismo y con los demás.

¡Qué profunda es la afirmación de Tácito de que el último deseo del que triunfa el sabio es el deseo de gloria (o mejor: que la gloria es el último prejuicio, la última vanidad, de que se despoja el sabio)! La fuerza de permanecer *desconocido* es poco común, por no decir inexistente... en quien ha probado la fama, naturalmente.

Debo reconocerlo: la idea misma de *combatir* por cosa alguna me repugna y me supera. He abandonado definitivamente la edad en que gusta pelear, hacerse valer, destacar. Por lo demás, desde hace años no hago otra cosa que abandonar mis antiguas posiciones, empecinarme en la negación. ¡Quiero que me dejen tranquilo!

Y sin embargo...

Estoy metido de lleno en Lutero. Y lo que en él me gusta es la locuacidad, la furia, la invectiva, la acción. Es un hombre que me gusta y que, sin embargo, al contrario de mis gustos actuales, quería removerlo todo, cambiarlo todo. Me recuerda el orgullo demente que yo tenía en mi juventud y por eso —creo yo— me apasiona. Por lo demás, nunca he dejado de sentirme atraído por su temperamento, su sabrosa grosería, su profetismo *realzado* por la escatología.

Si me gusta tanto Lutero, es porque no podemos leer nada de él —carta, tratado, declaración— sin decirnos: aquí tenemos un hombre en carne y hueso.

Y, por eso, nunca es *abstracto*, todo lo que afirma está lleno de savia, es *él* en todo. Es lo contrario del desapego: ese ideal, tan opuesto a mi carácter, que tenazmente persigo desde hace años para nada.

Me lancé al escepticismo como otros al desenfreno o a la ascesis.

La reflexión sobre la vida no carece necesariamente de fin. Entraña un límite, ya que, cuando rumiamos su objeto, resulta imposible no toparnos tarde o temprano con el suicido, que detiene la progresión del pensamiento, que se erige como un muro ante la reflexión. Así, cuando nos perdemos en la ola de la vida, el suicidio se presenta como un mojón, un punto de referencia, una *certidumbre*, una realidad positiva: por fin tiene el pensamiento algo sobre lo que rumiar, deja de divagar.

En el vértigo que se apodera del pensamiento en cuanto se aplica a la vida, es decir, a la ola misma, el suicidio parece como un pretil.

«El amor de Dios es puro, cuando el gozo y el sufrimiento inspiran una gratitud *igual*» (Simone Weil).

Yo no conozco ese amor, pues no puedo decir que mis duras pruebas me *dilaten*, me infundan esa euforia enérgica que experimenta el auténtico creyente ante todo inconveniente e incluso ante los golpes de la suerte. Comprendí que no tenía «vocación» espiritual cuando vi que todo en mí se volvía agrio, tanto los sufrimientos como las alegrías. En ese sentido, los *Silogismos* —el libro que más me revela— me condenan.

4 de septiembre
Toda la mañana, una violencia interior que por la tarde sigo sin dominar. Necesidad casi irreprimible de atacar. La agresividad es seguramente un rasgo esencial —iba a decir el rasgo dominante— de mi carácter. ¿A quién atacar? Mi elección recae en tal o cual persona. Pero, en cuanto examino un poco el «sujeto», comprendo que no vale la pena.

Habría que atacar sólo a Dios. Sólo Él vale la pena.

Dos y media de la mañana
He cenado en casa de unos amigos, en Montmartre. Servía la portera. He hablado todo el tiempo como un histérico. La portera ha dicho a la señora de la casa: «¡Qué hombre más interesante!».

Entonces he dicho a la señora de la casa: «Quiero casarme con ella».

Al marcharse, la portera, que está casada, me ha lanzado una mirada nostálgica.

Sin comentarios.

La duda, como la fe, es una *necesidad*. El escepticismo es tan inquebrantable y duradero como la religión. A saber si no habrá de tener una carrera más larga que ella.

Para el escéptico, la duda es una certidumbre, su certidumbre. Sucumbiría si se viera obligado a renunciar a ella. Por eso, no puede prescindir de ella.

El escéptico caería en una postración completa, si le quitaran las razones para dudar.

En el infierno, se puede todavía abrigar esperanzas, pero en el paraíso ya no hay lugar para la esperanza ni para nada. Por eso, nada hay tan desmoralizador como el ideal realizado.

La experiencia fundamental que he tenido aquí abajo es la del vacío: el vacío de todos los días, el vacío de la eternidad. Sin embargo, gracias a ella he vislumbrado estados que harían palidecer de envidia al místico más puro o más furioso.

El otro día divisé en una alameda secundaria del parque del Luxemburgo a Beckett, que estaba leyendo un periódico más o menos como lo haría uno de sus personajes. Estaba ahí en una silla, con aire absorto y ausente, como es habitual en él. Con aspecto un poco enfermo también. Pero no me atreví a abordarlo. ¿Qué decirle? Lo quiero mucho, pero más vale que no hablemos. ¡Es tan *discreto!* Ahora bien, la conversación exige un mínimo de abandono y farsa. Es un *juego;* ahora bien, Sam es incapaz de ello. Todo en él revela el hombre del monólogo mudo.

Tomo partido por los cátaros y por cualquier herejía perseguida por la Iglesia. Pero, si una de esas sectas hubiera triunfado, habría sido tan intolerante como el cristianismo oficial. Los cátaros, algunos puntos de cuya doctrina tanto me gustan, habrían superado, de haber vencido, a los inquisidores.

Tengamos piedad sin ilusiones de toda víctima en general, si queremos mantenernos en la verdad.

Ayer hablaba yo con Paléologue de la situación de Rumania. Y decíamos que es una lástima que no lográramos desapegarnos de ella, que no nos sea indiferentes. A decir verdad, es difícil lograrlo, porque es un país sin realizar y maltratado por la Historia. Un francés o un inglés puede decirse que su país ha cumplido su tiempo, desde luego, pero ha realizado aquello para lo que nació, ha cumplido con su deber. ¿Qué importa, entonces, el futuro? Mientras que de un país que no ha podido realizarse por culpa de las condiciones históricas, que no ha superado la fase de la promesa, resulta difícil desapegarse, precisamente porque no ha vivido, porque ha sido sacrificado en el huevo.

Siempre que he empezado a dudar de mis previsiones siniestras, la Historia ha venido a confirmármelas y a devolverme, así, la confianza.
Lo peor ocurre siempre, sí, pero no en la fecha en que lo habíamos previsto. Por término medio, me he equivocado en diez años en mis profecías.
Toda previsión, incluso la más siniestra, se realiza, a condición de tener la paciencia de esperar un siglo.

No se trata de trabajar, sino de *ser*. Eso es lo que olvidan los escritores, porque les conviene olvidarlo.

28 de septiembre
Me he encontrado con Pierre Nicol, al que no había

153

visto desde hacía muchos años, pues vive en Madagascar, y me ha citado unas palabras que, al parecer, le dije hacia 1952:

«Occidente es una podredumbre *que huele bien*».

En efecto, un cadáver perfumado.

Claudel explica muy bien por qué no marcó su vida Pascal. Es que, al haberse convertido bruscamente, no pasó por todo un periodo de titubeos y perplejidades en el que precisamente Pascal es útil para quienes aún no han encontrado su camino. En efecto, Pascal es un pensador para incrédulos. A eso se debe su «perennidad».

7 de octubre

Velada con H. Michaux.

Antes de separarnos, hablamos de la —lejana— posibilidad de una guerra que provocara la destrucción de buena parte de la Humanidad. Michaux me pregunta si me afectaría. Respondo que sí, pero al mismo tiempo *espero* esa catástrofe, que hace mucho preví.

Él me dice que, si este mundo de aquí debe desaparecer, le resulta indiferente que Argentina sobreviva.

Gengis Jan mandó llamar al mayor sabio taoísta de su época, que lo acompañó en la expedición contra Samarcanda, Bukara...

Trató muy bien a los chinos. ¡En cuanto a que comprendiera una sabiduría tan sutil!... Sin embargo, la crueldad es perfectamente compatible con cierto sentido metafísico...

15 de octubre

Esta mañana, en la cama, he pensado en la gran suerte que he tenido de no haber sido devorado por la sed de poder. A decir verdad, esa sed la conocí en mi juventud. Pero tengo el mérito de haberla vencido. En ese plano al menos puedo hablar de *progreso*.

Todo el mundo está descontento de ser quien es, salvo los franceses.

Nada hay más innoble que un adulador. ¿Por qué? Porque ante él estamos indefensos. No podemos asentir sin hacer el ridículo ante lo que propala a nuestro favor; tampoco podemos regañarlo y volverle la espalda. Nos comportamos totalmente como si estuviéramos satisfechos con sus exageraciones. Él cree que nos la ha dado y saborea su triunfo, sin que podamos desengañarlo. ¡Qué innoble!

Estoy dando los últimos toques al *Aciago demiurgo*. ¿Hastío, aburrimiento, «repugnancia» profunda? No habrá que olvidar esas reacciones, cuando se den idénticas en el lector.

Un manuscrito guardado demasiado tiempo en casa se vuelve un huésped incómodo. No sabemos cómo deshacernos de él, cómo ponerlo en la calle. En ese momento de exasperación es cuando acudimos por fin al editor.

Tengo la intención de escribir un ensayo sobre la dislocación del Imperio romano. Releer a Gibbon, entre otros.

Todo ensayo debe inspirarse en la situación actual de la Europa occidental, que recuerda mucho a la Roma del siglo V.

Los libros de Historia invitan al cinisno, tanto como los de biología y más.

Si la palabra nobleza tiene algún sentido, sería tan sólo el de designar el consentimiento a morir por una causa perdida.

El hombre ha nacido de una voluntad de superación y se ha convertido en locura de superación. Superarse, superarse siempre, ésa es su manía, su enfermedad. Si hubiera sabido permanecer en sí, no cruzar los límites de su ser, vivir en su fondo, en su capital, en lugar de extenderse y querer amasar y conquistar, ¡qué criatura admirable no sería!

5 de noviembre
Si por milagro desapareciera el miedo a la muerte, la «vida» ya no tendría medio de defensa alguno: estaría a merced de nuestro primer capricho. Por tanto, perdería todo valor y tal vez todo significado. Los sabios, al recomendarnos con tanta insistencia que nos liberemos del miedo, no saben lo que hacen. Ignoran que son destructores.

He leído unas páginas de *Orlando*, de Virginia Woolf. He de decir que no he tenido suerte, pues se trataba de aquellas en que se burla de los salones, y del siglo XVIII, en particular de Madame du Deffand, a la que trata con una superioridad ridícula, al afirmar que de todo lo que dijo y escribió la gran ciega sólo quedaban como máximo tres ocurrencias bastante insignificantes en el fondo. He tirado el libro, que me ha parecido exasperante. El círculo de Bloomsbury no valía tanto, seguro, como el de la amiga de Walpole.

A lo largo de los siglos, el hombre se ha agotado creyendo. ¡Ha dedicado tan poco tiempo a dudar! Ha pasado de creencia en creencia, de una convicción a otra, y sus dudas han sido tan sólo los breves intervalos entre sus entusiasmos. A decir verdad, no eran dudas, sino pausas, momentos de descanso, consecutivos a las fatigas de la fe, de toda fe.

8 de noviembre
En el *Breviario* logré la hazaña de reunir retórica y escepticismo. No siento la menor vanidad por ello, muy al contrario.

Hace un rato, una joven sueca me ha abordado en inglés para pedirme dinero. Le he dado —no mucho, a decir verdad— y, cuando he querido decirle que era, como ella, un parado, no he encontrado la palabra inglesa...
Todos esos jóvenes que me piden dinero, porque se imaginan que soy rico. Me ven tocado con sombrero, cosa que es a la vez señal de acomodo y, ¡ay!, de vejez. No puedo decirles que el sombrero tiene más que ver con los resfriados que con mis medios...

Lo que me gustaría escribir es un libro de consuelo, una *Imitación* para descreídos.

Pero estoy demasiado dividido conmigo mismo y me siento demasiado tentado por la ironía, para poder, no ya llevar a cabo esa tarea, sino tan sólo iniciarla.

La necesidad *física* de algo supremo, digamos de Dios, sólo aparece en verdad en la desolación. Esencia del *abandono*. Sólo nos vemos abandonados realmente por Dios. Los hombres sólo pueden dejarnos. Un creyente que ha perdido la fe: la «gracia» podría con razón acusar a Dios de traición.

Sin la facultad de olvidar, nuestro pasado pesaría de tal modo sobre nuestro presente, que no tendríamos fuerza para abordar otro instante y, por decirlo así, *entrar* en él. Por eso parece la vida tan soportable a los caracteres ligeros, aquellos precisamente que no recuerdan.

Cuando los dioses se desmigajan, aparecen *señales*. Podemos decir que nuestra civilización actual es el conjunto de esas señales, que todo el mundo percibe, pero que cada cual interpreta según sus presentimientos o sus esperanzas.

Tu pesar por no haber vivido en el siglo IV o V de nuestra era es ridículo: *ahora* vives esa misma época. Debes felicitarte de una suerte que te permite y te permitirá ver cosas inauditas.

Sigo presa del hechizo (en sentido propio) del concierto de Mozart. ¿Qué ha podido tocar en mí? ¿Qué cuerda secreta? En Mozart hay el recuerdo de *otro* mundo, de algo de lo que nuestra memoria ya no conserva ninguna marca.

Sartre ha conseguido escribir bien al estilo de Heidegger, pero no al estilo de Céline. La falsificación es más fácil en filosofía que en literatura. Ese ambicioso que se imaginaba que bastaba con *querer* para tener talento ni siquiera ha logrado dar la ilusión de la «profundidad»: cosa muy fácil para todo filósofo que hace una incursión en las letras.

La repetición insistente de un motivo en literatura es exasperante (salvo en el caso de los orientales, si pensamos en los textos búdicos); en música, acaba volviéndose obsesiva; te entra en la sangre. A eso deben su efecto el canto gregoriano y todas las oraciones cantadas, rítmicas: corresponde a una técnica perfecta para sumergir a las almas.

¿De dónde procede mi miedo a *todo?* De un desequilibrio nervioso, desde luego. Pero también de la idea que tengo de los seres, de *todo lo que se mueve.* Desconfío de lo *existente* como tal. Tengo miedo de lo que es, no de lo que no es.

Panikkar hace una observación muy atinada: si la India sobrevivió a los mongoles, a los musulmanes e incluso a los ingleses, lo debe al sistema de castas. Las sociedades igualitarias son más fáciles de destruir que las compartimentadas.

No creo haber recibido una sola carta de un desconocido que fuera normal. De un desconocido, naturalmente, que me haya escrito entusiasmado, al que yo haya aportado algo y que me confesara que se sentía en afinidad conmigo. Ruinas humanas, caídos, desdichados, enfermos, desgarrados, incapaces de inocencia, atormentados, golpeados por toda clase de dolencias secretas, cateados en todos los exámenes de aquí abajo, arrastrando tras sí su joven o su viejo desasosiego. Nunca me pidieron nada, pues sabían que nada podía ofrecerles. Sólo querían decirme que me habían comprendido...

Esta tarde, en la cama, he pensado en las batallas de Napoleón, luego en tal o cual de mis amigos que se desvive hasta la locura para que hablen de él, en tantos y tantos escritores que conozco personalmente o por su fama, y después me he remontado en el pasado hasta Plotino y me he dicho: ¿qué forma de vida representa un error *menor* que otro? ¿A *quién* preferir? Mi conclusión ha sido una complacencia a toda prueba: el que permanece tumbado y medita sobre lo que los otros *hacen*. ¿Pereza o sensatez? ¿O reacción de pobre diablo que se conforma con su suerte? Lo que importa es que, al optar por mi forma de vida, por mi «solución», no he tenido ni por un segundo la sensación de que quisiera justificarme, excusarme; al contrario, lo creía y sigo creyéndolo en este momento; mi punto de vista es el único que se puede defender en lo absoluto.

A veces pienso que he llegado a los límites de la conciencia, es decir, que ya nada inconsciente ni instintivo queda en mí, que no sólo soy el que se ve, sino también el que ha agotado el fenómeno de *verse* y que, por tanto, ya no tiene reserva alguna de existencia que le permita desdoblarse, contemplar la existencia y contemplarse contemplándola.

Cuando nos dan una mala noticia, un fracaso que nos esperábamos, el orgullo nos obliga a decir: «Mala suerte» o «me es igual», etcétera.
Siempre, sin excepción alguna, esa indiferencia es afectada. Lo que se llama un fracaso *mortificante* es un fracaso esperado, sobre el que hemos rumiado durante mucho tiempo. Cuando nos avisan que ha sucedido efectivamente, que está ahí, todas las horas que le hemos dedicado, durante las cuales era el único objeto de nuestras «meditaciones», se suman unas a otras y se confunden en una misma decepción que no podemos disimular de otro modo que dándonos aires de indiferencia y superioridad. Pero cuanto menos puede manifestarse esa decepción acumulada, *aritmética*, más nos devora en secreto; *mortifica*, nos quema a fuego lento. Nada consume como ella y únicamente porque no nos atrevemos a proclamarla.

El acto supremo de la vida espiritual es la *renuncia*.
Tener *bienes* es grave, pero lo que es mil veces peor es estar apegado a ellos. Pues el apego, como tal, es la causa de todos los males y el desapego la causa de todos los bienes *verdaderos*.

No comprendo por qué luchó Kierkegaard contra la Iglesia. Desde que he dejado de atacar, de batirme por escrito, ya no entiendo la indignación de los otros y no salgo de mi asombro al ver que una mente que ha abordado los grandes problemas pueda seguir atacando a instituciones.

Mi escepticismo, la larga práctica que tengo de él, ha acabado embotando mis garras. Demasiado tiempo tras los barrotes, la fiera no se digna —o ya no puede— precipitarse sobre nadie; el escepticismo es la jaula del filósofo, que pierde en él sus instintos; *después*, está libre, claro está, más libre que cualquiera, pero su libertad ya no le sirve para nada. Está libre *en un desierto*. ¿El escepticismo? Una libertad total e inutilizable.

Un ejército que avanza no tiene la sensación ni el presentimiento siquiera de la derrota. La Humanidad se arrastra hacia delante y cree que va hacia la victoria. Adónde va realmente sólo lo adivinan los que se han retirado del avance, que adivinan su resultado.

La verdad sólo se revela al rechazado, a quien nunca firmará un boletín de victoria.

Ya no leo en alemán. Hace meses que no he leído hasta el final un solo libro en esa lengua, que tanto me sedujo. Forma parte definitivamente de mis entusiasmos pasados. En este abandono intervienen muchos elementos. ¿Para qué enumerarlos? Citaré sólo uno: ya no tengo la mente bastante clara para practicar por más tiempo sin riesgos un idioma que invita al equívoco, que vive incluso de él.

Lo que me atrae en los místicos no es su amor de Dios, sino el horror de aquí abajo, por el cual les *perdono* todos sus suspiros de felicidad, que tanto prodigan.

Toda la noche sueños tremendos, invasores, y que no puedo desenmarañar, una vez despierto, pues son propios de una novela policiaca, género que no puedo tragar. Esas miserias enmarañadas, inextricables, que utilizan nuestro cerebro inútilmente y hacen que salgamos de la cama más extenuados que cuando nos metimos en ella: habría que encontrar un medio para hacer desaparecer esa siniestra feria nocturna.

La lectura es enemiga del pensamiento. Vale más aburrirse que leer, pues el aburrimiento es pensamiento en germen (o vicio o lo que sea)... mientras que las ideas de los demás sólo serán obstáculos para nosotros; en el mejor de los casos, remordimientos.

1934-1935. Mi soledad berlinesa resultaría inconcebible a un hombre normal. ¿Cómo pude resistirla *en los nervios?* Nunca he estado más cerca del desplome y de la santidad...

Creo haber rozado, gracias a aquellos momentos excepcionales, inauditos, los límites que con frecuencia alcanzan los santos y que los vuelven monstruos *positivos*, monstruos afortunada y desafortunadamente inimitables.

El drama de la curiosidad (Adán), del deseo (Eva), de la envidia (Caín): así comenzó la Historia, así continúa y así acabará.

La envidia es el sentimiento más *natural*, el más universal también, ya que los propios santos se envidiaron entre sí. Dos hombres que hacen la misma cosa son enemigos virtuales. Un escritor puede admirar sinceramente a un torero, pero no a un colega.

Nietzsche y Wagner. El drama estalló por la envidia del primero, que tan bien supo disimular.

Si nos mantenemos en un nivel muy alto y muy abstracto, podemos creer en Dios. Pero, cuando nos atenemos a los accidentes cotidianos, los que componen, en una palabra, una vida, nada encontramos en ellos que conduzca a Dios, ni siquiera a un dios. La fe es una imaginación que rechaza lo concreto, que no se apura por lo que la reprueba. Sin imaginación no se puede creer.

La verdad no está ni en la reacción ni en la revolución. Radica en la puesta en entredicho de la sociedad y de quienes la atacan.

He leído un «conjuro» del siglo X, en el que «invitaban» al demonio a salir del enfermo o del poseído. Aparecen enumeradas en él todas las partes del cuerpo, incluso las más pequeñas: parece un tratado de anatomía demencial. La belleza de ese exorcismo consiste en esa profusión de detalles, en el exceso de precisiones, en lo *inesperado*. Decir al demonio: *¡Sal de las uñas!*, es absurdo y hermoso.

¿Qué es un escritor sino alguien que lo exagera todo por temperamento, que concede una importancia indebida a todo lo que le ocurre, que *por instinto* exaspera sus sensaciones? Si sintiera las cosas como son, y sólo reaccionara ante ellas en proporción a su valor... «objetivo», no podría preferir nada y, por tanto, profundizar en nada.
A fuerza de desnaturalizarlo todo es como se alcanza la verdad.

Lo que se llama *experiencia* no es otra cosa que la decepción consecutiva a una causa por la que nos hemos apasionado durante un tiempo. Cuanto mayor haya sido el entusiasmo, mayor será la decepción. Tener experiencia significa *expiar* los entusiasmos.
Yo no habría entendido nada de la vida, si no hubiera abrazado tonta, febrilmente, algunas causas que ahora, cuando lo pienso, me hacen enrojecer. Pero debo a esas vergüenzas, a esos «remordimientos», la poca sabiduría que he adquirido.

No hay que confundir brillantez con talento. La mayoría de las veces, la brillantez es lo propio del falso genio.
Por otro lado, sin ella, sólo hay aburrimiento. Pues

165

ella es la que infunde mordacidad a las verdades y, naturalmente, a los errores.

Habría que habituarse a que no se gana nada con vivir ni, por lo demás, con morir. A partir de esa certeza, podríamos *organizar* decentemente nuestra existencia.

El estado peor, el más peligroso, para un mortal es la tristeza. En ella realiza íntegramente su condición de mortal, en ella es mortal de forma absoluta.

Durante mucho tiempo he estado enamorado de la tristeza, por tanto, he estado en pecado, pues la tristeza es un pecado contra la esperanza. ¡Qué razón tiene la teología! No hay que suspirar por lo que nos perjudica. Ahora bien, la tristeza es exactamente eso, me refiero a la tristeza *que amamos*, que cultivamos, que saboreamos.

Hay que *humillar* al hombre. Los peligros resultantes son mucho menores que los que suscita su arrogancia.

Un animal naturalmente arrogante: la única forma de hacerlo entrar en razón es mostrarle con qué lodo está amasado.

Pero no se deben subestimar los peligros de la humillación.

¿Quién me ha hecho sufrir más? Los que fueron humillados. Temo a todos los que han sufrido. Tiemblo ante una víctima inocente.

25 de diciembre
La señal de que me gusta un fragmento de música, de que se dirige a lo más profundo de mí, es el deseo que siento, cuando lo escucho, de apagar la luz, si es de noche, o de cerrar las persianas, si es de día. Es como si escuchara en la tumba. A Bach suelo escucharlo así. Bach, mi compañero más fiel a lo largo de los años.

26 de diciembre
Una joven cantante alemana me pregunta cuál es el verdadero significado de mi pasión por Bach. Le respondo que Bach es para mí un *anti-duda.* (Es casi un juego de palabras y me horrorizan los juegos de palabras.)

Una obra no cuenta, *no existe*, salvo si se ha preparado en la sombra tan minuciosamente como un golpe por un bandido. En los dos casos, lo que importa es la *cantidad* de atención.

Voy a aferrarme a estos cuadernos, pues es el único contacto que tengo con la «escritura». Llevo meses sin escribir nada. Pero este ejercicio cotidiano tiene algo bueno, me permite acercarme a las palabras y verter en ellas mis obsesiones, al tiempo que mis caprichos: lo esencial y lo inesencial quedarán consignados igualmente en ellas. Y será mejor así. Pues nada es más esterilizante y más frágil que la persecución exclusiva de la «idea». Lo *insignificante* debe tener derecho de ciudadanía tanto más cuanto que es lo que nos permite acceder a lo esencial. La anécdota es el origen de toda experiencia capital. Por eso es tan cautivante como cualquier idea.

Pienso con frecuencia en ese guerrillero atrapado por los alemanes, que en el momento en que el teniente iba a ordenar su ejecución, le dijo: «¿No le da vergüenza mandar fusilar a un tuberculoso?». Esa genialidad le salvó la vida.

Todo es cuestión de generaciones. Si la que sigue a la tuya no se interesa por tu obra, es como si no hubieses vivido nunca. Hablé de Simmel a un sociólogo alemán (de unos treinta años). ¡Apenas si conocía su nombre!

Anoche, escuché en casa de los Corbin el tercer concierto para piano y orquesta de Rachmaninov. Aparte de algunos momentos muy bellos, mucho relleno que lo estropea. Cada vez soy más incapaz de tolerar el estilo difuso en música y, naturalmente, en literatura. Todo el mundo, salvo los muy grandes, se dedica a inflar un texto o un fragmento musical. Ya no acepto nada de oficio. Casi por doquier valores dudosos, falsos. El de aquí abajo es el reino de lo inesencial.

Hace un rato decía yo a Piotr Rawicz:[1] «En cuanto tienes sueldo fijo, te vuelves francés».

1. Véase supra, pag. 95.

No es su caso ni el mío... por desgracia. Yo le decía que era peligroso tener casa propia. Así, desde que tengo piso he dejado de escribir. En condiciones normales, hay que ser al menos epiléptico para hacer algo que esté *bien*. La inseguridad es sinónimo de dinamismo.

Toda influencia que sufrimos, si se prolonga demasiado, resulta esterilizante y nefasta. El odio del discípulo contra el maestro es señal de salud. Sólo se llega a ser uno mismo mediante el rechazo de las influencias, a condición, naturalmente, de que ese rechazo sea el efecto de una exigencia profunda, de una llamada interior, y no de la fatiga o la insolencia (como ocurre en casi todas las emancipaciones literarias o filosóficas). «Me has enseñado demasiadas cosas, nunca te lo perdonaré», murmura el discípulo al ver alejarse al maestro. Sufrir una influencia es admitir que otro *trabaja* para nosotros.

8 de enero de 1969
He leído los poemas de Ajmatova en una traducción mala. No importa. Sólo cuentan el aliento y la potencia. Pienso sobre todo en los poemas del periodo estaliniano, los más desesperados. A su lado, las búsquedas formales de la poesía francesa de hoy me parecen ridículas, por no decir grotescas.

El traductor de una carta de Pessoa emplea la expresión «crisis psíquica»: debería haber dicho «crisis moral», pues no se trataba de un desánimo cualquiera, sino de una revisión de su actitud para con sus semejantes. En Pessoa, es casi la crisis de Tolstói. Por tanto, una crisis de tipo moral.

Soy el hombre de las cantinelas, me gusta la melancolía un poco vulgar e incluso sórdida. Me perjudica a los nervios y me infunde disposiciones de lo más metafísicas.

Desesperación «sin motivo», sin conciencia de desgracia, sin ningún sentimiento de decadencia —desesperación pura— y de nuevo la certidumbre —en modo alguno triste— de que el suicidio es la única salida, el único consuelo, la puerta, la gran puerta. Pasar al otro lado *eludiendo a la muerte*. La desesperación no me deprime, me eleva. La desesperación es distinta del desconsuelo, es llama, una llama que atraviesa la sangre.

En las reseñas de mis libros, suelen utilizar los punzones que he dirigido contra mí mismo. Nada es más indecente y necio que explotar la autoironía de... otro y aprovecharla para machacarlo.

Tengo mucho más que sentido metafísico, tengo el sentido *mórbido* y la *Vergänglichkeit*.[1] Estoy, literalmente, enfermo de la caducidad universal, no consigo prescindir de ella, estoy intoxicado con ella. Todo es perecedero, intrínseca, absolutamente. Estoy tan convencido de ello, que saco conclusiones contrarias: un inmenso consuelo y una desolación incalificable.

1. «Lo efímero», «lo transitorio», en alemán.

Una *semblanza* sólo es interesante, si se consignan en ella las ridiculeces. Por eso es tan difícil escribir sobre un amigo o sobre un autor contemporáneo al que respetamos. Las ridiculeces son las que humanizan a un personaje.

No sólo llevo una vida marginal, sino que, además, soy *marginal* como persona. Vivo en la periferia de la especie y no sé con quién ni a qué afiliarme.

Hoy he meditado sobre la *Gita* y esta noche he buscado una tasca que tuviera un aparato de música para escuchar la canción de moda y que me gusta bastante, debo decirlo: *Those were the days,* de Mary Hopkins.

25 de enero
En 1969 me encuentro más o menos en la situación en que me encontraba en 1949, cuando publiqué el *Breviario.* No hay una sola revista en la que pueda publicar algo, me siento completamente separado del mundo «literario». Es un mal compensado por un bien. Si queremos *ser,* tenemos que hacer el vacío a nuestro alrededor. Cultivemos, pues, ese vacío, agrandémoslo, sustituyamos todo lo que es por él.

Un hombre sólo es interesante si cuenta sus sufrimientos, sus fracasos, sus tormentos. En la *Autobiografía* de Karl Jaspers, que acabo de leer, sólo están vivas las páginas dedicadas a sus experiencias dolorosas durante el régimen nazi.

A decir verdad, no me intereso por mí, sino por mis desazones. Y ni siquiera por mis desazones, sino por lo que cubren o lo que revelan, por el ser, por tanto, o por la negación del ser.

Para traducirlo mañana, como ejercicio, con una inglesa, acabo de pasar a máquina un texto de una decena de líneas sobre Egipto de Gabriel Bounoure, hombre exquisito, espíritu delicado. He tenido que forzarme para avanzar más allá de la primera línea, de tan intragable como me parece la prosa saturada de poesía. ¡Y pensar que hubo una época en que me gustaba! Hay que devolver a la poesía su libertad expulsándola de la prosa. Ya veo por dónde está amenazado Proust.

Una traducción es mala, cuando es más clara, más inteligible, que el original. Eso demuestra que no ha sabido conservar sus ambigüedades y que el traductor ha *cortado por lo sano*, lo que constituye un crimen.

Me doy cuenta de que hay algo forzado en mi estilo. Es a la vez demasiado nervioso y demasiado trabajado. Mi primer bosquejo es siempre el menor, pero en general no es claro, sin contar con que abundan en él repeticiones y tics. Por lo demás, un extranjero debería desconfiar de su «primer bosquejo», en el que pueden desplegarse sus «ignorancias». No puede ser de verdad natural, ya que escribe en una lengua prestada, *extraña* a su naturaleza, una lengua pegada, sobreimpuesta. Tiene que hacer olvidar que la ha aprendido tardíamente. Es la única *naturalidad* a la que puede aspirar.

Si se quiere conocer un país, hay que leer a sus escritores mediocres, que son los únicos que reflejan de verdad sus defectos, virtudes y vicios. Los otros escritores, los buenos, suelen reaccionar contra su patria, se avergüenzan de formar parte de ella. Por eso, expresan perfectamente su esencia, quiero decir su inutilidad cotidiana.

He ido a la clínica de la Rue d'Assas para que me desatascaran el oído. La buena señora de la caja me pregunta: «¿Trabaja usted en este momento o está parado?».
Ahí me tenéis hundido, sumido, en la sociedad. Si la buena señora me hubiera preguntado: «¿Sigue usted siendo un asesino?», no me habría causado tanta desazón su pregunta.

La utopía corresponde al infantilismo. Entraña un procedimiento mental que me da náuseas. Nada es más contrario a mi naturaleza, a mis ideas, a mis *sensaciones*, lo que no me impide reconocer que representa una constante del espíritu humano y que el hombre no puede prescindir de divagaciones utópicas, si quiere actuar, enseñar, predicar, etcétera. No se puede agitar la sociedad con las *Máximas* de La Rochefoucauld.

Tengo la mala costumbre de responder a las cartas, lo que me ha hecho caer víctima de montones de pesados.

Cierto es, por otro lado, que quien no responde a mis cartas deja de contar para mí. No tengo confianza alguna en él y no le perdono su grosería o su negligencia.

En París, la menor capa de nieve es considerada una calamidad. En mi país, donde había a veces dos metros de nieve, nadie se lamentaba. Hay dos clases de pueblos: los *mimados* y los *resignados*.

Pertenezco a una nación en la que el fracaso es endémico.

No cabe duda de que la vida carece de sentido. Pero, mientras eres joven, no tiene la menor importancia. No ocurre lo mismo a partir de cierta edad. Entonces empiezas a preocuparte. La inquietud se convierte en problema y los viejos, que ya nada tienen que hacer, se dedican a él, sin tener tiempo ni capacidades para resolverlo. Eso explica por qué no se matan en masa, como deberían hacerlo, si estuvieran un poquito menos absortos.

Mi misión es la de sacar a la gente de su sueño eterno, aun sabiendo que cometo un crimen y que valdría mil veces más dejarlos perseverar en él, ya que, además, cuando despiertan, nada tengo que proponerles.

Para escribir una carta de pésame que no sea tonta ni falsa hace falta genio.

No he escrito con sangre, he escrito con todas las lágrimas que nunca he derramado. Aun cuando fuera lógico, seguiría siendo elegiaco. La exclusión del Paraíso, la vivo todos los días, con la misma pasión y el mismo pesar que el primer desterrado.

Esta tarde he ido a pagar mi cotización a la Sociedad de Escritores. En un año no han citado nada absolutamente de mí ni en la radio ni en ninguna otra parte, ya que en mi cuenta no había nada. ¿Boicoteo? ¿Indiferencia? Me he instalado en la cómoda condición de «filósofo desconocido».

Desde que existo mi único y exclusivo problema ha sido el siguiente: ¿cómo *dejar de* sufrir? Sólo he podido resolverlo por escapatorias, es decir, que no lo he resuelto en absoluto.

Seguramente he sufrido mucho por diversas dolencias, pero la razón esencial de mis tormentos se ha debido al *ser*, al ser mismo, al puro hecho de existir, y por eso no hay sosiego para mí. He vivido en la nostalgia del premundo, en la embriaguez anterior a la creación, en el éxtasis puro de todo, he sido contemporáneo de Dios, que conversa consigo mismo sumido en su propio abismo, en la felicidad de antes de la luz, de antes de la palabra.

Los alumnos de trece, catorce, años leen a Freud. Esa pornografía casi científica que le valió la fama, me da náuseas. Pero apasiona a los jóvenes, los ociosos, los falsos médicos, los desequilibrados de toda clase y también a quienes quieren tener la clave de un montón de fenómenos que, a decir verdad, carecen de ella. Lo que no impide que todos seamos psicoanalistas... por la razón de que el modo de explicación que propone esa supuesta ciencia es tentador, aparentemente complicado y profundo, pero en el fondo facilón y totalmente arbitrario. Recurrir a él se ha vuelto casi una necesidad. Las explicaciones teológicas eran mucho más interesantes, pero han quedado ya anticuadas. Cuando se haya liquidado el psicoanálisis, se habrá dado un paso hacia la libertad intelectual.

Libradnos del psicoanálisis y después nos libraremos de los males de los que habla.

Hace unos años, en Múnich, tras pedir una información, el buen hombre al que me había dirigido me dijo: «Coja la primera calle a la izquierda, después cruce la plaza (ya no recuerdo cuál) en *diagonal*». Se detuvo para decirme: «¿Sabe usted lo que significa *diagonal* o quiere que se lo explique?».

En eso va encerrada toda Alemania. Nación atrozmente didáctica.

Lo que es seguro es que todo es engaño. Una vez establecida esa certidumbre, nada está resuelto. Acaban de comenzar los verdaderos problemas. Y, sin embargo, con rigor estricto, no debería haber problemas, verdaderos ni falsos, después de la comprobación del engaño universal. Pero el ser sobrevive al rigor. Es incluso su carácter esencial, la definición misma del ser. El ser es lo *increíble* en estado permanente.

He decidido escribir un ensayo sobre la calumnia. Intentaré describir en él la figura del calumniador. Cada cual tiene el monstruo que merece. El individuo que te acecha noche y día, la sombra que te sigue, y cuya horrible, maléfica, presencia sentimos, la persona biliosa, siniestra, que vela y contra la cual nada podemos hacer, es tan potente como el demonio, es el demonio... pues es omnipresente, indiscreto, curioso, fisgón, ¡tan cerca de ti! El amor más apasionado no aproxima tanto a las personas como la calumnia; el calumniado y el calumniador son absolutamente inseparables, constituyen una unidad «transcendente», están soldados para siempre uno al otro. Nada podrá desunirlos jamás. Uno hace daño, el otro lo sufre. Pero, si lo sufre, es que se ha habituado a él, que ya no puede prescindir de él, que lo reclama incluso. Sabe que se cumplirán sus deseos, que se verá ahíto, que no será *olvidado*, que está presente a perpetuidad en la mente del difamador.

Se puede lanzar cualquier cosa contra nosotros. Todo el mundo lo aceptará.

El calumniador es más que un enemigo, el enemigo se mantiene *delante* de nosotros: él, detrás, nos *sigue*, nos persigue, golpea en la sombra; el calumniador es horrible, actúa como el traidor, no se mide con nosotros como el enemigo, nos perjudica sin *riesgo*, nos mata sin tener la dignidad de un asesino. Es una clase de maldición baja, de asqueroso predestinado, de vampiro vil que se pega a nuestro nombre y a nuestra sangre y los devora los dos.

La vida es extraordinaria, en el sentido en que el acto sexual lo es: *durante* y no después. En cuanto nos salimos de la vida y la miramos desde fuera, todo se hunde, todo parece engaño, como después de la hazaña sexual.

Todo placer es extraordinario e irreal y lo mismo ocurre con todo acto de vida.

Este siglo —bajo la influencia de la crítica histórica del siglo pasado, de la manía biográfica, del psicoanálisis, de la obsesión por el «secreto»— se dedica con empeño a «desenmascarar» a todo el mundo. Pero no se «desenmascara» a un impostor, no se desenmascara a alguien que nunca ha pretendido ser otra cosa que lo que era. Pero precisamente ya no se concibe esa integridad ni, por lo demás, esa conformidad consigo mismo. Y tal vez ese tipo de fidelidad ya no sea, efectivamente, posible.

Los dos inviernos que pasé en Berlín se cuentan entre los más «malditos» de mi vida. Era propio de Malte Laurids Brigge,[1] no en París, sino en la fría, siniestra, ciudad prusiana. ¡Si un día tuviera yo el valor moral para describir todas las experiencias que tuve allí! Allí se elaboró mi visión de las cosas, allí saqué todas las consecuencias de mis insomnios, que habían comenzado más o menos cuando tenía veinte años. Lo mejor sería no pensarlo más. No removamos el Infierno.

---

1. El personaje de Rilke en *Los cuadernos* de *Malte Laurids Brigge*.

He notado mi incapacidad para entenderme con quienquiera que esté marcado por la universidad. En cuanto descubro el menor elemento *didáctico* en la mente de alguien, considero que es inútil continuar la conversación. Prefiero a los diletantes, que al menos son divertidos. Además, como tengo la manía de leer, no siento la necesidad de aprender mediante la conversación; para mí es diversión y nada más. ¡Malditos sean los que quieren instruirme! Prefiero cenar con un mundano que con un *especialista*.

22 de febrero

Me acosté hacia las 3 de la mañana. Al despertarme, volví a pensar en lo que se dice en algunos países de América Latina sobre alguien que acaba de morir: «Se ha vuelto indiferente». Lo leí en Keyserling, hace muchos años, y desde entonces lo recuerdo de vez en cuando con «admiración». ¡La *indiferencia!* La muerte, ascenso al estado de indiferencia. La muerte es un *ascenso*.

No son los pesimistas, sino los decepcionados, los que escriben bien.

He puesto en mis libros lo *peor* de mí mismo. Por fortuna, porque, si no, ¡qué cantidad de venenos no habría acumulado! Mis libros rebosan con mis malos humores, mis rencores... pero tal vez fuera necesario, porque, si no, no habría podido salvaguardar cierta apariencia de equilibrio, de «razón». Hablo sobre todo de mis escritos rumanos, en los que el delirio es omnipresente.

28 de febrero

Me reprochan ciertas páginas de *Schimbarea la fata,*[1] ¡libro escrito hace treinta y cinco años! Tenía veintitrés años y estaba más loco que nadie. Ayer hojeé ese libro; me pareció que lo había escrito en una vida *anterior;* en cualquier caso, mi *yo* actual no se reconoce en el autor. Así se ve hasta qué punto es inextricable el problema de la responsabilidad.

¡La de cosas en las que pude creer en mi juventud!

Eugène Ionesco, con el que he estado hablando largo rato de la Guardia de Hierro[2] por teléfono y al que decía que siento como una *vergüenza intelectual* de haberme dejado seducir por ella, me responde con toda razón que comulgué con aquel movimiento porque era «completamente loco».

Acabo de encontrarme con Goldmann en casa de Gabriel Marcel, después hemos ido paseando y luego hemos entrado en un café. Me ha acompañado hasta mi casa. Es un hombre que no carece de encanto. Durante veinte años me ha creado fama de antisemita y enormes problemas. En una hora nos hemos hecho *amigos.* ¡Qué curiosa es la vida!

Me gusta el campo... y vivo en una metrópolis; me horroriza el estilo y cuido mis frases; soy un escéptico empedernido... y leo principalmente a los místicos... y así podría seguir indefinidamente.

1. *Schimbarea la fata a Romanici:* La transfiguración de Rumania (1937).
2. Véase supra, pág. 84, nota al pie.

Primavera y suicidio son para mí dos conceptos conexos. Es que la primavera representa una *idea* para la que no estoy maduro o, más exactamente, que no entra en mi sistema.

La rivalidad entre los santos, la envidia que existe entre ellos, hace creer que en verdad la *perduta gente* lo está sin excepción. Incluso Buda fue detestado por los sabios de su época. En todos los niveles, la misma miseria. Y nos extrañamos de que cierto plumífero deteste a sus colegas.

No hay salida para ese mal. La historia de Abel y Caín resume toda la Historia, la vuelve incluso superflua. Las intuiciones *originales* son casi siempre definitivas. Habría que rumiarlas y no apartarse de ellas sino por gusto de la paradoja.

15 de marzo

Todos los pueblos, en determinado momento de su historia, se creen *elegidos*. Y entonces es cuando dan lo mejor y lo peor.

Hago mal en quejarme de mis compatriotas y de sus preguntas indiscretas, pues tienen sus ventajas: te provocan, te irritan, te conmueven, te... Te causan el mismo efecto que ciertos procedimientos brutales empleados en el zen para suscitar el *satori*.[1] ¿Por qué no

1. El despertar a la conciencia de la verdad.

habría una gilipollez de desencadenar una iluminación? Equivale perfectamente a un puñetazo en plena cara.

Sé de dónde procede mi pasión por Talleyrand: es que toda su vida se encontró en *situaciones falsas;* por eso pudo traicionar a todo el mundo.

Me habría gustado tener el cinismo de Talleyrand. Por desgracia, demasiados antepasados humildes y honrados contrarían mis ambiciones y entorpecen mis movimientos. Soy demasiado débil para sacudir una herencia tan pesada.

27 de marzo
Ayer tuve una discusión con una inglesa sobre los prejuicios. Ella sostenía que los de Inglaterra son mucho peores que los de Francia. Yo le respondí que todas las naciones los tienen y que incluso son los que garantizan la cohesión. Políticamente, es lo mismo. ¿Qué hace un nuevo régimen? Introduce nuevos prejuicios a expensas de los antiguos, etcétera, etcétera.

Se puede decir también que las *costumbres* de un país son otros tantos prejuicios, *prohibiciones.* Cuando una sociedad deja de tenerlos, se desploma. Pero son los que la cimentan. Así, pues, las costumbres son prejuicios elaborados lentamente, prejuicios *consolidados.*

La metafísica y, con mayor razón, la teología son un antropomorfismo escandaloso. Una y otra se reducen a una suprema coquetería del hombre, en éxtasis ante su propio genio. En cuanto se echa un vistazo a sus divagaciones, no queda ni una que escape al ridículo.

El pecado no es estar triste, sino amar la tristeza. Yo la he cultivado por todos los medios, a decir verdad, por necesidad y en modo alguno por coquetería. Me han gustado las canciones españolas, húngaras, argentinas, me ha gustado la tristeza en todas sus formas, en todas las latitudes, en todos los niveles, desde el más bajo hasta el más elevado.

Es cierto que estamos marcados por el espacio «cultural» (?) del que procedemos. Transilvania conserva una gran impronta húngara, «asiática». Yo soy transilvano, luego... Cuanto más lo pienso, más me doy cuenta de que pertenezco —no sólo por mis orígenes, sino también por temperamento— a la Europa central. Treinta años de estancia en París no borrarán el hecho de haber nacido en la periferia del Imperio austrohúngaro.

8 de abril de 1969
Es mi cumpleaños. Lo había olvidado completamente. *Cincuenta y ocho* años cumplidos. He pasado la tarde en la playa de Berneval, ¿pensando en qué? En nada, salvo en *oír* los elementos. Tiempo radiante: como si estuviéramos en una Ibiza del Norte.

Al pie de un acantilado, no puedes por menos de *pensar* en una cosmogonía: no, no puedes por menos de vivir cosmogónicamente. Te remontas, a tu pesar, hacia la histeria de los orígenes, hacia las contorsiones primordiales. Percibes la Tierra entregada a sus demo-

183

nios, presintiendo la carrera que le esperaba. Etcétera, etcétera.

Lo que debo a la *Iron Guard*.[1] Las consecuencias que hube de sacar de un simple arrebato juvenil fueron y son tan desproporcionadas, que desde entonces me ha resultado imposible erigirme en adalid de una causa, aunque fuera inofensiva o noble o sabe Dios qué.

Es bueno haber pagado muy cara una locura de juventud; después, te evitas más de una decepción.

Los momentos superficiales en mi vida, los momentos histéricos, fueron aquellos en que la Historia contó más que nada... fue la época de mis extravíos.

Llueve. Este ruido regular en el silencio de la noche tiene algo de sobrenatural.

Me pregunto qué haría yo, si de pronto desaparecieran todas las personas y yo fuese el único superviviente. Creo que *continuaría*.

Intentar extraer la esencia de cada día y, a ser posible, de cada hora, como si tuviera el tiempo contado. Y... lo tengo, yo y todo el mundo. Pero no pensamos bastante en ello y así perdemos el tiempo, lo dejamos pasar sin intentar retener su sustancia, si es que la tiene.

1. La Guardia de Hierro. Véase supra, pág. 84, nota al pie.

Reírse burlonamente o *rezar*: todo lo demás es accesorio.

Se escribe un libro para todo el mundo, salvo para los amigos. Para ellos, es un regalo envenenado, del que se alegran con una mueca.

¿Qué pensaría mi padre, que estuvo deportado durante la guerra del 14 en Schopron, si me viera pasarme horas en París escuchando música zíngara húngara? Pero, a decir verdad, esa música pertenece tan orgánicamente a ese mundo de la Europa central del que procedo, que toda forma de reacción patriotera al respecto está fuera de lugar. Me siento rumano y húngaro en el alma y tal vez más húngaro que rumano.

Esta tarde, por teléfono, J.W. me dice que está de acuerdo con *Aciago demiurgo*, pero no con el Vacío, que le gusta combatir, luchar, y que precisamente por eso eligió el teatro. Me explica cómo le nació ese gusto por afirmarse, por no ceder. Cuando era pequeña, en la escuela la llamaban «perra judía». La hacía sufrir y contestaba, pero al final comprendió que nada podía hacer, que, sucediera lo que sucediese, siempre la llamarían así y que, por tanto, si las cosas son así, no hay razón para abdicar, hay que rebelarse, seguir el camino propio, no tener en cuenta lo que dicen los otros, avanzar. Haría yo bien en tomar como modelo —o, al menos, imitar— esa extraordinaria obstinación.

Lo he consignado con frecuencia en estos cuadernos y lo he escrito incluso en mis libros, pero vuelvo a abordarlo, porque es absolutamente cierto. Una desgracia predecida, cuando por fin se produce, es diez, cien, veces más dura de soportar que una que no nos esperábamos. Es que durante toda la dirección de nuestras aprensiones la hemos vivido por adelantado y, cuando surge, al sumarse esos tormentos anteriores a los del presente, forman juntos una masa de un peso intolerable.

Sólo hay un problema: el de la muerte. Debatir sobre otra cosa es perder el tiempo, es dar muestras de una futilidad increíble.
... Eso es lo que las religiones han comprendido perfectamente. A eso se debe su superioridad sobre la filosofía.

Me gustan las cartas que no versan sobre ideas, sino sobre dificultades. Por eso leo las de Cicerón o, mejor dicho, las releo, pues ya las conocía. ¡Qué vivo está ese hombre y cómo revela sus defectos, pese a que procura dejar a la posteridad la imagen de un carácter sin fallos! Pero sólo vemos estos últimos y por eso ha sobrevivido ese abogado.

28 de abril
El origen de todas nuestras servidumbres radica en el apego. Cuanto más queremos ser libres, menos nos vinculamos con las personas y con las cosas. Pero, una vez vinculados, ¡qué drama es deshacernos de ellas!
Comenzamos a vivir creándonos vínculos; cuanto más avanzamos, más fuertes se vuelven. Llega un momento en que comprendemos que representan otras tan-

tas cadenas, que es demasiado tarde para sacudirlas, pues estamos demasiado habituados a ellas.

Mi afirmación de hace un rato: «Me habría gustado ser hijo de un verdugo». Se me dirá que es una provocación o una salida de tono o sabe Dios qué. ¿Qué es para mí? Una verdad, pero una verdad momentánea, una verdad propia del talante, que no tiene carácter permanente, sino que procede espontáneamente del estado en que me encontraba cuando la *sentí*. Pues eso es: una verdad aprobada, sentida, surgida del «alma» y no del razonamiento. Pues es de lo más cierto que no vivo en el horror por opción, sino por fatalidad. El horror es la sal de la vida, el horror es tormento, y yo he sufrido tanto en mi vida, que ya no puedo vivir sin sufrir. Por eso, las palabras de Teresa de Ávila me han perseguido durante tantos años: «Sufrir o morir»... y, mi locura me hizo creer que tenía cierta predisposición para la santidad. Puedo comprender a los santos y se acabó; en cuanto a querer *rivalizar* con ellos (a eso es a lo que aspiraba hace treinta años, en la época de *Lacrimi si Sfinti*[1]), es una pretensión grotesca... y patética.

Recuerdo haber leído, en Sibiu, un texto en el que se hablaba mucho del infinito, de la vida interior, de Dios, creo, y, después de que concluyera la sesión pública, Matei C. me dijo en francés: «Señor, es usted un santo».

¿Quién podría decirme eso ahora?

Sólo Bach puede reconciliarme con la muerte. En él siempre está presente la nota fúnebre, incluso

1. Véase supra, pág. 37, nota al pie.

187

en la alegría. Nota fúnebre y seráfica. Morir *por encima* de la vida, y de la muerte, triunfo más allá del ser.

Superar la vida en el centro, en el cogollo de la muerte, y la muerte. *Un agonizante llorando de alegría:* Bach es eso con frecuencia.

Cuando De Maistre dice que el tiempo es «*algo forzado que sólo aspira a acabarse*», expresa un pensamiento que en mí tiene un valor de sentimiento y casi de obsesión. Así es en verdad como vivo yo el tiempo. No ceso de preguntarme qué *espera* el tiempo.

Publicar es exponerse a ser juzgado por cualquiera y no sólo juzgado, sino también *visto*. El escritor es necesariamente exhibicionista. Deberíamos poder pensar para nosotros mismos y para nadie más. No *mostrarnos*, no divulgarnos, no desnudar nuestro espíritu. Tener el pudor de nuestros secretos, no jugar con nuestras profundidades.

12 de mayo
A Swift le gustaba La Rochefoucauld. Yo lo sospechaba, pero no estaba seguro de ello. El autor de las *Máximas* es el campeón de todos los espíritus amargos.

13 de mayo
Los «malos deseos», los vicios, las pasiones dudosas y condenables, el gusto por el lujo, la envidia, la emula-

ción siniestra, etcétera, son los que mueven a la sociedad, ¿qué digo?, los que hacen posible la existencia, la «vida».

El budismo no es «pesimista». El budismo es la serenidad consecutiva a una liquidación general... la beatitud de la no posesión.

Ayer, en el Jardín Botánico, un león marino, que había salido de su estanque, dormitaba al sol. Esa masa grasa, alelada, postrada, no ha cesado de obsesionarme: difícilmente se podría encontrar una imagen mejor del aburrimiento estúpido, pesado, primordial... (Ese león marino abúlico soy *yo*. Por eso me persigue y me obsesiona.)

Acabo de hojear un número especial de una revista sudamericana dedicado a Heidegger. ¡Qué voluptuosidad sienten esos «filósofos» que se relamen con la *Nada!* Conviene decir que los preparó para ello la mística española; en cuanto a la terminología del autor de *Sein and Zeit*, no debe de repelerlos, pues se parece a la de la escolástica, que debieron de practicar en sus colegios católicos.

La cosa más difícil es tener una experiencia filosófica profunda y formularla sin recurrir a la jerga de escuela, que representa una solución de facilidad, un escamoteo y casi una impostura.

Hace veinticinco años, el poema que fue un acontecimiento para mí fue *The Garden of Love,* de Blake.
Veía en él el tipo de desengaño conforme a mi corazón.

Acaba de telefonearme la mujer de Beckett. Tiene
una voz muy hermosa. Hace casi dos años que no me
llamaba. Me da una noticia muy buena. Según parece,
Sam está fuera de peligro. El abceso que tenía en el pul-
món ha cicatrizado, al parecer. Esa noticia ha representado un verdadero alivio para mí. Como me habían dicho que era de temer lo peor, sentía opresión sólo de
pensar que un hombre tan habituado a lo horrible tuviera aún que experimentarlo en su carne. Sam es un
hombre extraordinario y, sin embargo, atractivo, el único contemporáneo increíblemente noble.

Hace veinticinco años, recibí la visita de un joven de
pelo largo, al que una vecina un poco loca me había re-
comendado como un «genio». Hablamos de esto y lo
otro, de un viaje que ese extravagante había hecho a
América, de sus proyectos, sus ideas, etcétera. En todo
lo que me decía había algo que no funcionaba, que me
incomodaba. Afirmaba ser escritor y no había escrito
nada, quería escribir y al mismo tiempo no veía la necesidad de hacerlo y todo por el estilo. En determinado
momento de la conversación, se levantó, me miró fijamente, yo también me levanté, le brillaban los ojos, estaba crispado, alucinado, y avanzó despacio hacia mí.
Recuerdo que pensé: «Este genio quiere asesinarme», y
di un paso atrás, con la firme intención de pegarle un
puñetazo en plena cara, si seguía avanzando hacia mí.
Se detuvo en seco, hizo un gesto nervioso, como si se
contuviera y, como otro Dr. Jekyll, se resistiese a algu-

na siniestra metamorfosis, y después se calmó y volvió a sentarse en el otro extremo de la mesa y esbozó una sonrisa forzada. Me abstuve de hacerle preguntas sobre lo que acababa de ocurrir; al contrario, reanudé el diálogo más o menos donde había quedado interrumpido, pero con una idea fija: verlo marcharse cuanto antes. Eso es lo que hizo. No he vuelto a verlo ni he querido después saber nada de él.

Las relaciones más complicadas, las más terribles, las más indefinibles no son las que mantenemos con nuestros superiores o con nuestros enemigos, sino con nuestros amigos. Cada uno de ellos es un enemigo virtual. Así, pues, se puede temer cualquier cosa de él: hay que estar en constante alerta. En nuestras relaciones con él, lo peor está detrás de nosotros. Y lo tranquilizador es que un día podría llegar a ser nuestro amigo. Esa esperanza es de la mayor ayuda *mientras no se realiza*. Pues, una vez realizada, volvemos de nuevo a la incertidumbre y la perplejidad.

26 de mayo
Lo que no funciona en la Historia es que está escrita por profesores, personas pacíficas que describen vidas tumultuosas. Por una parte, cuando personas de mentalidad activa, militante, se transforman en historiadores, son incapaces de respetar la verdad o simplemente de encaminarse hacia ella.

La sociedad es un sistema, un cuerpo de envidias. No es fácil saber quién nos envidia. En principio, somos envidiados siempre que hacemos algo que a otro,

191

conocido o amigo, le habría gustado realizar. Un desconocido no nos envidia o raras veces; la condición esencial para la envidia es que conozcan nuestra cara. Por eso, el que no se muestra, el que se esconde, no es objeto de ese sentimiento eminentemente natural y bajo.

Ich will meine Ruhe haben, ich will meine Ruhe haben:[1] nunca olvidaré esta respuesta que un loco repetía delante de un psiquiatra que lo interrogaba en Berlín, durante sus cursos. Cierto es que el loco había empezado diciendo que se había comprado EL AIRE entero para estar solo y vivir en paz.

La primera vez que conocí a un español en mi vida fue en 1936. Me dijo *delante de testigos: «Me gusta la muerte y lo sublime».*
La soberbia gilipollez española.
(Aquel español se consideraba discípulo de Unamuno. No es de extrañar. Había en el maestro —no solamente en potencia, sino también en acto— muchísimo mal gusto.)

Nunca he sabido de forma precisa en qué sentido soy religioso y si tengo otra cosa que un fondo religioso. Tal vez sea una naturaleza religiosa *al revés*. A decir verdad, no puedo dar precisión alguna al respecto. Soy «religioso» como lo es toda persona que se encuentra en *la linde* de la existencia y que nunca será un *existente* de verdad.
Hay cierta forma de desequilibrio que interviene automáticamente en la religión. Pero, ¿cuál es esa forma?

---

1. Frase alemana que significa: «Quiero que me dejen en paz, quiero que me dejen en paz.»

Antes, en casa de Gabriel Marcel, he conocido a Friedrich Weinreb, matemático y teólogo judío que me ha causado una gran impresión. Su aire de rabino hasídico, sus observaciones sobre el mundo contemporáneo, su interpretación del mito del árbol de la ciencia y del árbol de la vida... Mientras hablábamos de esas cosas, ha aparecido un obispo de Ruanda (?) Ha hablado de su país y la cosa más triste que ha dicho ha sido ésta: allí la gente compra un transistor a cambio de una cabra.

Pienso en *Weinreb*... encarnación de todo el *misterio* de un pueblo.

La duda es el comienzo y tal vez el fin de la filosofía. Carnéades, en su célebre embajada a Roma, habló una primera vez en pro de la idea de justicia... y el día siguiente contra ella.[1] Aquel día hizo su aparición la filosofía, hasta entonces inexistente en aquel país de costumbres rudas y sanas. ¿Cuál es esa filosofía? *El gusano en la fruta.*

La filosofía, al menos en sus intenciones, no socava las virtudes, quiere preservarlas incluso, pero, en realidad, las debilita; más aún: sólo puede nacer, si empiezan a vacilar. Y la filosofía les asesta, a su pesar, un golpe fatal a la larga.

---

1. Carnéades, filósofo escéptico griego (213-129 a. de C.), escolarca de la Academia de Atenas, que fue enviado, junto con otros filósofos, en embajada a Roma, donde ejerció una influencia considerable.

Nuestros allegados son los menos propensos a reconocer nuestros méritos. Los santos siempre han sido «puestos en entredicho» por sus amigos y sus vecinos. No olvidemos que Buda tuvo los más temibles: su primo y sólo después el diablo. Sólo contamos para quienes ignoran nuestros antecedentes.

Contra los estoicos.

Si nos educamos para llegar a ser indiferentes a las cosas que no dependen de nosotros y logramos soportarlas sin afligirnos ni alegrarnos por ello, ¿qué nos queda por hacer, por *experimentar*, dado que casi todo lo que sobreviene es independiente de nuestra voluntad?

Los estoicos tienen razón en teoría. En la práctica, todo juega contra ellos. De la mañana a la noche, no hacemos otra cosa que tomar posición a favor o en contra de cosas sobre las que nada podemos hacer. La «vida» es eso, es un intento demencial de salir de nuestra impotencia; la «vida» es la carrera a un tiempo querida e inevitable hacia (... acaba de sonar el teléfono y he olvidado lo que quería decir).

Hace unos años, la compañía de Laurence Olivier representó en Moscú *Romeo y Julieta*. El espectáculo fue tan logrado y conmovedor, que al final los espectadores, presa de un entusiasmo espontáneo, se abrazaron, como si se hubiera tratado de la misa de medianoche en Pascua.

¿Dónde encontraríamos en Occidente tanta lozanía, ardor y *piedad*?

16 de junio
El insomne es por necesidad un teórico del suicidio.

Para agradecerle su artículo sobre el *Breviario*, al que puso el hermoso título de «Pavana para una civilización difunta», escribí a André Maurois que los espíritus a los que me sentía más próximo eran Job y Chamfort.[1] Tal vez sea lo más exacto que he dicho de mí.

Enesco, refiriéndose a Bach, decía: «El alma de mi alma». Esa expresión, sencilla y aparentemente ingenua, manifiesta exactamente mi sentimiento para con el Cantor.

El más importante encuentro de mi vida: Bach. Después, Dostoyevski; luego, los escépticos griegos, después Buda... luego, pero qué importa lo que venga luego...

Acaban de aparecer en alemán los *Silogismos de la amargura*. Conque los he releído en esa lengua en la que, curiosamente, parecían aún menos serios que en francés. Aun así, más de uno de ellos me ha recordado cierto acontecimiento doloroso. Tal vez sea el libro más *personal* que he escrito: todo en él es confidencial: desde la ocurrencia hasta el pensamiento más elaborado.

1. El artículo había aparecido en la revista *Opéra* el 14 de diciembre de 1949.

Regreso de España. Una semana por el Camino de Santiago, a pie. Momento supremo: en Estella, un domingo por la noche, baile en la plaza principal de la ciudad; un centenar de niños de tres a diez años (principalmente, niñas) se ponen a bailar con un brío y una seriedad estupefacientes. Digo *seriedad*, porque lo que me llamó la atención es que bailaban como si no las miraran: para sí mismas. Había algo religioso, iniciático en aquel baile. Raras veces he asistido a un espectáculo más sobrecogedor, más *convincente*. Pienso sobre todo en una niñita que debía de tener como máximo tres años y que se agitaba sola, con el brazo levantado en el aire, y con tal solemnidad, que me resultó difícil disimular mi emoción de espectador transportado por una experiencia tan inesperada.

Acabo de hojear un libro sobre Bernard Shaw. ¡Y pensar que antes de la guerra lo comparaban con Shakespeare! Los autores de éxito, para adquirir modestia, deberían frecuentar ese tipo de biografías.

No hay ni un átomo de poesía en la vida ni en la obra de Shaw. Era un periodista extraordinariamente dotado y en el que el humor era *automático*, casi en estado de reflejo.

Antes, al dar mi paseo nocturno, en la Avenue de l'Observatoire, una castaña cae a mis pies. «Ha cumplido, ha recorrido su carrera», me he dicho. Y es verdad: de la misma forma acaba su destino una persona. Maduramos y después nos desprendemos del «árbol».

El otro día, en casa de unos amigos, me encontré con V., al que no había visto desde hacía mucho tiempo. Hablamos de esto y lo otro, del fanatismo de éste o del otro, y le dije que no había encontrado nada que me permitiera salir de mi escepticismo. «Su escepticismo le ha sentado muy bien», me dijo: «Es usted la única persona que conozco que no ha cambiado en veinte años. Está usted tan joven como cuando lo conocí».

Me dio placer durante dos o tres minutos. Lo grave es que se trató de un placer real, verdadero, sentido. En el momento, reaccioné como todo el mundo, pero enseguida me rehíce, pues no me puedo quitar de encima la idea de que no debemos dejarnos engañar.

22 de octubre

Sólo tres personas acompañaron los restos mortales de Leibniz.

El otoño es mucho más *demostrativo* que un cementerio. El otoño en un cementerio es casi una redundancia. Todo está destinado a *caer*. Ése es incluso el sentido profundo del tiempo.

Lebensgefühl
Mi sentimiento de la vida: *ein völlig umbrauchbarer Mensch*.[1]
No puedo servir para nada y no quiero servir para nada.
No conozco a nadie que sea más inutilizable que yo.
Se trata, para mí, de una evidencia que debería aceptar

---

1. «Un hombre totalmente inepto», en alemán.

pura y simplemente sin vanagloriarme de ello lo más mínimo. Mientras me enorgullezca de ello, no habré dado paso alguno hacia la sabiduría.

Nietzsche es sin lugar a dudas el mayor *estilista alemán*. En un país en el que los filósofos escribían tan mal, debía nacer por reacción un genio del Verbo, que no existe *en un pueblo enamorado del lenguaje, como el francés*. Pues en Francia no existe el equivalente de un Nietzsche... en el plano de la expresión, quiero decir de la intensidad de la expresión.

De vez en cuando vislumbro la sombra de Adamov en las calles. Digo bien: la *sombra*, pues ese hombre encantador, profundo y sin talento es un aparecido. Llevamos años sin hablarnos. ¡Poco importa! Recuerdo nuestras conversaciones, su voz, sus ojos de Cristo armenio y sus increí-bles defectos. En una palabra, una personalidad fuerte.

5 de noviembre
El fenómeno totalmente nuevo en las letras de Francia es la desaparición de la ironía.

Las mentes, pedantes, groseras, contaminadas por lo peor que hay en la filosofía alemana, se hunden en la gravedad, precisamente cuando les tienta la rebelión. O, cuando no son graves, son impertinentes. Pero la impertinencia no es la ironía. O, mejor dicho, es su degradación y su penoso falseamiento.

La ironía es la muerte de la metafísica.

Paseo ayer entre Saint-Chéron y Dourdan. Todos los árboles, de color de herrumbre. Por la tarde, al cruzar un bosque, he pensado en Lenau. Había en él todos los motivos: *Waldeinsamkeit, Herbststimmung, Wehmut,*[1] etcétera, cosas todas con las que la poesía actual nada tiene que ver.

Claudel es la personalidad más fuerte de la generación Valéry-Gide. Aquellos imbéciles de surrealistas que lo ridiculizaron, ¿qué son a su lado? ¡Cuando pienso que Breton hablaba de él con desprecio! Pero, ¿qué es Breton a su lado? No me gusta ni el teatro ni las Odas ni los comentarios sobre la Biblia, pero la figura de Claudel en conjunto es impresionante.

Mi vida «intelectual» comenzó con mi fe en mi misión (la época de la *Schimbarea la fata*[2]). A los veintitrés años yo era profeta y después se asentó esa fe, y de año en año he asistido al ocaso de mi creencia en una misión que desempeñar, en una influencia que ejercer. Me temo mucho (?) que el escéptico que hay en mí sea quien se salga con la suya en última instancia. Con la edad me he vuelto modesto, es decir, cada vez más normal. Ahora bien, un hombre mínimamente equilibrado no puede arrogarse una misión ni creer con fervor en sí mismo. Cuando pienso que en 1936 (?) vivía en Múnich con tal intensidad, mi fiebre me daba tal confianza en mí

1. En alemán: «soledad de los bosques, humor otoñal, melancolía».
2. Véase supra, pág. 180

mismo, que llegué a pensar que una nueva religión iba a surgir en los Balcanes. Una confianza que me aterraba, pues no creía que pudiera soportar semejante tensión por mucho tiempo más. (He seguido el trayecto opuesto exactamente al de Nietzsche. Comencé con... *Ecce Homo*. Pues eso es *Pe culmile disperarii:*[1] un desafío lanzado al mundo. Ahora todo desafío me parece demasiado infantil y soy demasiado escéptico para lanzarlo.)

23 de noviembre

Mi destino es el de acabar como un perro, me he dicho esta mañana al despertar. Como no tenía fuerzas para levantarme, he dejado vagabundear mi memoria y me he visto de niño trepando por las montañas de Rasinari. Un día me encontré con un perro que seguramente llevaba mucho tiempo atado a un árbol y que estaba tan flaco, tan *transparente*, tan vaciado de toda vida, que no pudo ladrar ni alegrarse de mi presencia. Sólo tuvo fuerzas para mirarme sin moverse... sin embargo, estaba *de pie*. ¿Desde cuándo estaría allí? ¿No habría sido más caritativo matarlo que condenarlo a morir de hambre? Lo contemplé unos instantes y después, presa del miedo, huí.

25 de noviembre

Sólo una cosa cuenta: seguir nuestra naturaleza, hacer lo que estamos destinados a hacer, no ser indignos de nosotros mismos.

Toda mi vida, por *miedo a traicionarme*, he rechaza-

---

1. Traducción española: *En las cimas de la desesperación*, Tusquets Editores, col. Marginales, n.º 111.

do todas las oportunidades que se me han ofrecido. Por eso, mi primera reacción ante el éxito es la de retroceder.

Esta mañana he reflexionado en la cama sobre las razones por las que Weininger[1] me apasionó tanto en mi juventud. Me gustaba, evidentemente, su odio a la mujer. Pero lo que me seducía, más aún, era que, siendo judío, detestara su «raza», como a mí, siendo rumano, me horrorizaba serlo. Yo conocía todo eso: ese rechazo de los orígenes, esa incapacidad para resignarse a ser lo que se es, ese drama de soñarse diferente, pero me parecía que Weininger había ido lo más lejos posible con esa voluntad, en esa búsqueda de autodestrucción, que representaba un caso límite en ella, *el caso*.

Nunca reacciono enseguida ante la calumnia: dejo que se propague y no intervengo hasta el momento en que es aceptada por todos, en la que nadie está dispuesto a escucharme. *Ich bin nun einmal so!*[2]

Dos cosas que han contado enormemente en mi vida: música y mística (por tanto, éxtasis)... y que se alejan...
Entre los veinte y los veinticinco años, *orgía* de las dos. Mi gusto apasionado por ellas tenía que ver con mis insomnios. Nervios incandescentes, tensos en todo

---

1. Véase «Weininger. Carta a Jacques Le Rider» en *Ejercicios de admiración, op. cit.*
2. «¡Soy así!», en alemán.

instante hasta el estallido, deseos de llorar por una intolerable felicidad...

Todo eso fue sustituido por la acritud, el enloquecimiento, el escepticismo y la ansiedad. En una palabra, un descenso de la temperatura interior... que por sí solo explica por qué sigo con vida. Pues, si hubiera tenido que perseverar en estado de ebullición, hace mucho que la habría palmado.

3 de diciembre

Antes en la radio, J.L. Barrault, hablando de Artaud, decía que en el teatro había que elevarse sin perder contacto con el público, con la multitud, pero que Artaud lo perdía, pues estaba *enfermo*.

Se trata de una observación muy atinada: la enfermedad hace perder el contacto con la multitud. Va a la esencia, al Uno.

Resulta inimaginable que un enfermo no piense en Dios, en lo que sobrevive cuando todo ha desaparecido.

El papa Inocencio IX encargó un cuadro en el que aparecía representado en su lecho de muerte y que contemplaba siempre que debía adoptar alguna decisión importante.

El aburrimiento es mórbido; si se repite con frecuencia, se vuelve crónico. El aburrimiento puede ser una crisis o una aventura orgánica, una fantasía, un episodio metafísico; como tal, no cuenta, pero, si *se organiza*, si se vuelve crónico, subyuga a toda persona.

Escribir sobre el suicidio es haberlo superado.

Como a todo individuo condenado a la introspección, el hombre me horroriza. Es que lo he frecuentado demasiado a fondo como para poder permitirme el lujo de abrigar la menor ilusión al respecto. Aun así, me quedo estupefacto ante la idea de que a veces de un espermatozoide haya podido surgir un *santo*.

Anoche vi *Las sombras del mar*, de Yeats. La sala vacía. Una obra tan profunda, tan totalmente poética, no puede gustar a la juventud actual, y la comprendo. Es necesario un mínimo de cinismo que corrija el exceso de poesía; de lo contrario, se corre el peligro de caer en lo insulso, lo pueril, lo sublime, lo exangüe. Beckett, siempre que corre el riesgo de caer en el lirismo o la metafísica, hace soltar un hipo a sus personajes y ese volverse contra sí mismo, mediante el cual el protagonista vuelve a coger las riendas de sí mismo, no puede ser más afortunado y actual. Yeats es un gran poeta, pero su teatro es simplemente como un Maeterlinck muy bueno.

Durante los últimos años de su *Unmachtung*,[1] Nietzsche, mudo, postrado, se pasaba horas mirándose fijamente las manos.
Como Macbeth después del crimen.

La cosa más grave es perder el control de uno mismo.

1. Palabra alemana que significa «alienación mental».

Hubo un tiempo en que me gustaba insultar a la gente. Aún lo hago a veces, a mi pesar, y siempre siento un profundo remordimiento después.

Los débiles, los enfermos, los encamados que se atreven a proponer un nuevo credo a la Humanidad: Nietzsche, el más lamentable y el más esperanzado de todos. Pasó del pesimismo al delirio; por eso tuvo tantos discípulos, la mayoría grotescos.

Lo único que me gusta es el estallido y considero que el único periodo de mi vida que se puede calificar de heroico es el de mi primer libro rumano *Pe culmile disperarii;*[1] en todo momento tenía la sensación de que el instante siguiente podía no llegar nunca. Si hay algo inexplicable en mi vida, es que haya podido sobrevivir a tanta fiebre, éxtasis y locura. Ninguna camisa de fuerza habría sido bastante sólida para resistir mi delirio. Tenía poderes sobrenaturales y era al mismo tiempo la criatura más débil. Temblaba noche y día, propagaba con mis palabras y mis gestos mi falta de sueño, prodigaba mi desasosiego, sudaba mis terrores.

Mis afinidades con Swift. A veces me pregunto si no es el *desdichado* al que más he admirado.

La verdad, hay que reconocerlo, es intolerable, el hombre no está hecho para sostenerla; por eso la evita como la peste. ¿Qué es la verdad? Lo que no ayu-

1. Véase supra, pág. 200.

da a vivir. Es todo lo contrario de un *apoyo*. Así, pues, no sirve para nada, salvo para colocarnos en un equilibrio inestable, propicio para todas las formas de vértigo.

2 de enero de 1970

Cinco telefonazos. Cinco *opiniones* diferentes; cinco mundos cerrados. Es imposible acceder a la verdad mediante opiniones; toda opinión me parece un punto de vista *demencial* sobre la realidad.

Toda presencia humana me inspira, según mis humores, molestia o terror. Nunca me siento *natural* ante un ser humano.

Si me quitaran uno tras otro todos los deseos que he podido concebir, en lo más profundo de mí seguiría afincada, intacta, inatacable, la nostalgia del desierto.

Incluso el último de los fracasados, sobre todo él, tiene derecho a decir: «Mi hora no ha sonado aún».

Que suene realmente, qué importa, pero esa esperanza es el fondo de toda aventura. Que sobrevenga la muerte: es una forma de afirmarse, de señalarse, de creer que esta vez se ha *logrado*.

Me entiendo mejor con los judíos rumanos que con los rumanos «propiamente dichos». Así fue ya, hace treinta y cinco años, antes del malentendido creado por la *Iron Guard*. Con los judíos todo es más complejo, más dramático y más misterioso que con esos pastores y

205

esos campesinos hundidos en su desdichado destino y, sin embargo, mediocre.

Anoche decía yo a mis amigos que hay tres acontecimientos en mi carrera: mi nacimiento, la renuncia al tabaco y mi muerte. Puedo decir que hay dos periodos en mi vida: antes y después de haber dejado de fumar. Antes, treinta años de nicotina, de fiebre, de «inspiración»; después, desintoxicación y, por tanto, esterilidad. Hace seis años que fumé el último cigarrillo. Desde entonces ya no puedo escribir sino con esfuerzo, deliberación, repugnancia. Durante cinco años, antes de dejar de fumar, luché diariamente contra esa esclavitud que había llegado a ser para mí el cigarrillo. ¡Tres cajetillas al día! Ya no podía más. La primera vez que lo dejé duró cinco meses, durante los cuales me consideré el último de los hombres. Desde que dejé de fumar, me siento completamente decaído, pero, ¡¡*libre!!* Y, cuando me desprecio, me digo que pude abandonar el placer mayor que experimentaba en este mundo: encender un cigarrillo. Es el único triunfo verdadero sobre mí mismo, mi única victoria.

Prueba irrefutable de que estoy totalmente desintoxicado: una noche, en un sueño, estaba fumando. Al instante me desperté con sensación de asco.

Carlos V era un culo de mal asiento, Felipe II, su hijo, se enclaustró en el Escorial.

Se hereda una tendencia a la exageración, pero no una forma de exageración.

El genio político de Francia es un genio verbal, es el genio del eufemismo. Actualmente se llama *impasse* al déficit; *pacificación* o *sucesos* (los sucesos de Indochina, de Argelia), a la guerra; no se dice que se tiene una actitud proárabe, sino que se habla de la política *mediterránea* de Francia.

23 de enero

Ayer, elección de Eugène para la Academia. Me dijo, aterrado: «Es para siempre, para la eternidad». Lo tranquilicé: «Qué va, piensa en Pétain, en Maurras, en Abel Hermant y algunos otros. Los expulsaron. Tú tal vez tengas también la ocasión de cometer algún acto de traición». Me contestó: «Entonces hay esperanza».

26 de enero

Exposición de Klee.[1]
Una hora de encantamiento. A la vez bonito y profundo, poético y reflexionado. Pocas exposiciones me han satisfecho tanto.

He escuchado mucho a Chopin estos días. Comprendo que fuera la única música ante la que aún reaccionaba Nietzsche, cuando estaba loco. A veces tengo la impresión de que, aun después de muertos, seguirá conmoviéndonos.

(Me propongo dar una vuelta por Nohant el mes próximo... No ceso de pensar en Valldemosa.)

1. Primera exposición pública en Francia dedicada a Klee, con motivo del trigésimo aniversario de su muerte, que se celebró en el Museo Nacional de Arte Moderno del 25 de noviembre de 1969 al 16 de febrero de 1970.

Cuanto más tiempo pasa, más me acostumbro a las realidades más sombrías (suicidio, horror del nacimiento, etcétera), sin ninguna reserva mental de pena y desolación. Concibo lo irreparable sin tristeza. Estoy inmerso hasta el cuello en el desconsuelo objetivo, evidente, impersonal. Llanto con ojos eternamente secos.

8 de febrero

Visita al Louvre. He estado contemplando los Rembrandt y después he pasado a toda velocidad entre los pintores franceses de los siglos XVII, XVIII y de la era napoleónica. La pintura, como la poesía, no comienza en Francia hasta la segunda mitad del siglo pasado.

Me ha llamado la atención el *Viejo,* de Rembrandt, pues es la *esencia* de la edad y, podríamos decir, de las *arrugas.*

20 de febrero

Anoche, velada con los Beckett. Sam estaba en forma, locuaz incluso. Me contó que había pasado al teatro por azar, porque necesitaba un solaz, después de haber escrito novelas. No pensaba que lo que era una simple distracción o un ensayo fuese a cobrar semejante importancia. Ahora bien, añadió que escribir una obra dramática representa muchas dificultades, porque hay que *limitarse* y eso le intrigaba y le tentaba, después de la gran libertad, la arbitrariedad y la auténtica falta de límites de la novela. En una palabra, el teatro entraña convenciones: la novela ya no supone casi ninguna.

El carácter eruptivo de mis ansiedades. El menor motivo de congoja desencadena en mí una angustia *total*. Y puede más que yo, no puedo detener ese proceso automático, tan sólo consigo atenuar sus efectos haciéndome entrar en razón, repitiéndome que nada, absolutamente nada, es digno de hacernos sufrir.

Hurgando en un cajón, para buscar una foto, he encontrado un montón de ellas que se remontan a veinte, treinta, años atrás. ¿Es posible que ese joven, de aspecto un poco romántico, sea yo? Y mis amigos, ¿cómo puedo creer que son ellos? ¡Lo que hace el tiempo con nosotros! ¡Nuestra identidad a lo largo de los años sólo es garantía por el nombre! ¡Habría que cambiarla cada cinco años. Resulta, en verdad, imposible de creer que fuéramos quienes hemos llegado a ser.

La prueba de que alguien ha contado para nosotros es que nos sentimos *disminuidos* cuando muere. Es una pérdida de realidad que sufrimos... de pronto existimos menos.

Adamov estaba, desde luego, dentro de mi horizonte y, a mi modo, he participado en su larga agonía.

Anoche, en el metro, una muchacha (dieciséis, diecisiete años), sentada, me ofreció su asiento. Naturalmente, no lo acepté. Ofrecerme su asiento, ¡a mí, que acababa de hacer, por la tarde, veinticinco kilómetros a pie! Era una muchacha de aspecto bastante débil y dudo que pudiera hacer la mitad del recorrido que acababa yo de hacer. Aun así, para ella, yo era un viejo. Y, en efecto, lo soy, con esta jeta de presidiario *descansado*.

Sé que soy viejo, pero no lo *siento;* normalmente, me comporto como un tipo de treinta años como máximo y no sentiría el ridículo que supondría cortejar a una muchacha de veinticinco años. Esa ilusión de vigor, esa insensibilidad «instintiva» al paso del tiempo, es lo que hace que creamos habernos substraído a los efectos de la edad.

28 de marzo
Repartimos nuestros libros entre nuestros amigos, ponemos dedicatorias afectuosas en ellos, creemos que van a leernos, que se apiadarán de nosotros o nos admirarán. Son errores. Lo único que habremos hecho es excitar su mal humor. En una palabra, ejemplares sacrificados.

... No obstante, en alguna parte un desconocido nos leerá religiosamente y esperará años antes de dirigirse a nosotros.

Lo que se debe reprochar al psicoanálisis es que para él todo es significativo, todo tiene un sentido; ahora bien, nuestras actividades, empezando por nuestros sueños, entrañan una parte considerable de desechos. Pues bien, para el psicoanalista no hay desechos, sólo hay símbolos.

10 de abril
Un día preguntaron a Fontenelle, casi centenario, cómo había conseguido tener sólo amigos y ningún enemigo.

—Siguiendo dos axiomas: todo es posible y todo el mundo tiene razón.

25, víspera de Pascua

Las personas que nos han humillado, que nos han hecho daño, no nos guardan el menor rencor por ello; han olvidado la herida que nos han infligido.

Sólo las víctimas tienen memoria. Por eso, el rencor es tan absurdo. Sólo afecta a quien lo abriga. Si pudiéramos perdonar de verdad, enseguida se instauraría el paraíso en la Tierra.

(A propósito del olvido. A los libelistas que de la mañana a la noche abruman a todo el mundo les extraña ver que tienen enemigos. Simplemente habían descargado su mal humor en tal o cual persona y no comprenden después que se les guarde rencor. Nunca deberíamos tomar en serio un insulto, una calumnia. Siempre que lo he hecho, me he sentido mal y lo he lamentado.)

El otro día releí dos páginas del *Breviario* con total desapego y también asco del patetismo en él desplegado. Mala poesía, a partir de una desdicha real. ¡Qué pena que no supiera emplear otro tono! Con mayor frialdad, habría hecho un buen libro. Con mi manía de alzar la voz, tenía por fuerza que fracasar.

7 de mayo

Paul Celan se ha tirado al Sena. El lunes pasado encontraron su cadáver.

211

Ese hombre encantador e insoportable, feroz y con accesos de dulzura, al que yo estimaba y rehuía, por miedo a herirlo, pues todo lo hería. Siempre que me lo encontraba, me ponía en guardia y me controlaba, hasta el punto de que al cabo de media hora estaba extenuado.

11 de mayo

Noche atroz. He soñado con la *sabia* resolución de Celan.

(Celan fue hasta el final, agotó sus posibilidades de resistirse a la destrucción. En cierto sentido, su vida nada tiene de fragmentaria ni de fracasada: está plenamente realizada.

Como poeta, no podía ir más lejos; en sus últimos poemas rozaba el *Wortspielerei*.[1] No conozco una muerte más patética ni menos triste.)

Casi todos los días recibo un libro que no deseo leer, y que casi siempre me defrauda, pues toda esa gente nada tiene que decir; rumia lo que han dicho otros, quienes deberían haber tenido la sensatez de callarse.

La única cosa profunda, extraordinaria, que el hombre ha descubierto es el silencio y también es la única a la que no puede atenerse.

Si pudiera guardar silencio durante un año, al cabo de esa experiencia me declararía dios...

Eso mismo demuestra que no soy digno del silencio, ya que saco de él conclusiones de charlatán.

(Y, además, habría que dejar de hablar de dioses, ni

---

1. «Juego de palabras», en alemán.

bien ni mal. Con eso no avanza ni el conocimiento ni la conducta que se debe tener ante la vida.)

Sólo se escribe con pasión, con verdad, cuando se está *acorralado*. La mente trabaja bajo presión. En condiciones normales, permanece improductiva, se aburre y aburre.

12 de junio
Esta mañana me decía en la cama que, para realizarme plenamente, me ha faltado una condición esencial: ser judío.
Así, se me ha vedado una experiencia capital de la desdicha.

En pleno día cierro las persianas, tapo las ventanas y me tumbo con la cabeza cubierta. Ese contacto con la noche y ese duermevela me sientan bien: es un estado en el que entro en contacto con algo muy primitivo, muy próximo a la materia y a los orígenes, en todo caso. Cura suprema. Todo lo que disminuye la actividad de la conciencia es saludable.

Si la «probidad» es, según Rivarol, la cualidad dominante de la lengua francesa, la lengua alemana, en cambio, está completamente desprovista de ella, pues es una lengua de la que no puedes *fiarte*, que se te escapa, que esquiva y en la que se puede dar rienda suelta a la traición y la impostura: una lengua, en todos los sentidos de la palabra, *elástica*.

Esa joven rumana, a la que su padre, campesino de ochenta y dos años, dijo: «Tuvimos a Nixon y no dio resultado, después a De Gaulle y tampoco. La única esperanza estriba una vez más en los rusos, que sabrán "ponernos de rodillas" para siempre».

Ese hermoso pensamiento que he leído en alguna parte, a saber, que el tiempo era una «distracción del alma».

Desde hace años, mi único propósito se reduce a esto: no *agitarme* más. Vivir sin agitación y casi sin *acto*. Para Heráclito el mundo estaba «eternamente vivo». Mi designio: existir *al margen* de ese «*fuego eternamente vivo*». Fuera de esa ebullición cósmica. El imperativo de enfriarse.

1 de julio
Cena anoche con Michaux. Me habla de mi artículo sobre Beckett y me dice que no está de acuerdo conmigo sobre la «vida», que, en su opinión, es una cosa extraordinaria.
No es la primera vez que me llama la atención el «optimismo» de Michaux. No me molesta en absoluto y me parece muy hermoso que, después de haber estado durante tanto tiempo crispado e infeliz, se llegue a una visión serena de las cosas. Una hermosa «vejez» (aunque resulta difícil imaginar a alguien menos «viejo» que Michaux).
Me habla de su viaje a Nueva York, de la que hace un retrato aterrador. Una ciudad de asesinos. Nada de

lo que hay en ella le cae en gracia. Me gustan esas reacciones temperamentales, que son tan vivificantes para el oyente. Michaux me acusa de ser charlatán. Pero en toda la velada no he tenido tiempo de meter baza. Mejor, pues habitualmente soy inagotable. He pensado también que M. pasa mucho tiempo solo y necesita «desahogarse» de vez en cuando.

El *fado* me satisface tanto como la música húngara. ¡Qué nostalgia! Sólo se siente si se vive en el extranjero. Es que la nostalgia supone una patria perdida. Mi nostalgia es religiosa. Pues, por lo que se refiere a la patria, en vano he perdido la mía, no tengo nostalgia de ella.

Habría que encontrar la razón por la que la única cosa que aún me da placer es el trabajo manual. Me parece que he llegado al punto de partida del hombre, que estoy recuperando la bienaventurada época de *antes* del cerebro.

Anoche, larga conversación con un poeta húngaro (Pildusky) sobre Simone Weil, a la que considera una santa. Le digo que yo también la admiro, pero que no era una santa, que había en ella demasiada de esa pasión e intolerancia que detestaba en el Antiguo Testamento, del que procedía y al que se parecía, pese al desprecio que sentía por él. Es un Ezequiel o un Isaías femenino. Sin la fe, y las reservas que ésta entraña e impone, habría sido de una ambición desenfrenada. Lo que destaca en ella es la voluntad de imponer a toda costa la aceptación de su punto de vista, atropellando, violentando incluso, al interlocutor. He dicho también al poeta húngaro que tenía tanta energía, voluntad y obstinación como Hitler... Al oírlo, el poeta puso unos ojos como platos y me miró intensamente, como si acabara de tener una iluminación. Para asombro mío, me dijo: «Tiene usted razón...».

Lavastine está al borde de la locura de rabia por no poder escribir un libro. Si no lo escribe, podremos —y con razón— seguir diciendo que es un hombre extraordinario; al contrario, si logra, como todo el mundo, terminar un libro, ya no podremos emitir ese juicio.

27 de julio
Una semana en la propiedad de los Nemo, cerca de Nantes. La idea de felicidad es inseparable de la de jardín.

M. N. ha vivido toda su vida en la ilusión; ha llegado la enfermedad: no sabe cómo resignarse a ella, la escamotea o reacciona con caprichos de vieja coqueta. Me ha dicho: «Ya he vivido bastante». En el momento era sincero, pero he sentido que no estaba aún maduro para semejante concesión, que le habría gustado no proferirla jamás.

Yvonne N. me dijo que leyó mi artículo «El horror de haber nacido» mientras M. estaba en su peor momento. He estado a punto de decirle que era la lectura más apropiada para esa circunstancia o la más inapropiada.

Todo hombre que, colmado de años, recapitula su vida tanto puede decir: «Estoy contento de haber vivido», como: «Más habría valido no haber nacido». Las dos reacciones son igualmente legítimas e igualmente *profundas*.

Una comparación muy sugestiva la que hace Berdiaev entre Nechaiev e Ignacio de Loyola. El revolucionario como asceta...

Si tuviera que elegir entre la ascesis y el desenfreno, me inclinaría por este último. Por lo demás, también el desenfreno es una lucha contra la «carne»; abusa de ella, la extenúa y la empobrece. Además, llega a los mismos resultados que la ascesis por métodos diametralmente opuestos.

Todo lo que pienso no hace sino debilitar mi carácter, mi «vitalidad», mis posibilidades de afrontar las dificultades y las preocupaciones, el futuro, en una palabra. He demolido lo mejor que he podido una tras otra las razones que incitan normalmente a los hombres a realizarse, a *vaciar* su destino, a ser ellos mismos. Habré dado sólo cierto parecido de mi auténtica imagen. He querido ser *incompleto*. He arruinado mis posibilidades por fidelidad a mí mismo.

Estoy leyendo *Lo que yo creo*, de Teilhard de Chardin, con vivo interés, debido principalmente al estupor: ¿cómo se puede ser tan ingenuo? Esa gnosis en apariencia grandiosa que elabora es pueril, en realidad, ¡y no puedo creer que pueda atraer en pleno siglo XX! El

217

padre despliega en ella un optimismo... alucinante. Es la Cruz que danza en el Cosmos, ¡como un Carnaval universal! Esa marcha hacia la Perfección, hacia la Plenitud (la verdad es que este jesuita me habrá vuelto odiosas para siempre las mayúsculas con su extraordinario abuso de ellas), hacia las realizaciones supremas, ¿dónde la ha visto? La lectura de los Evangelios y de Bergson por un visionario ha permitido la elaboración de un sistema que existe, en la medida en que existe el delirio.

Escuchando *El Mesías:* ¿cómo es posible semejante dechado de invención desde el comienzo al fin, sin decaer lo más mínimo? Es milagroso. Además, hay un júbilo y una alegría incluso que no existen en Bach. ¿En qué obra literaria podríamos encontrar un logro tan constante, un nuevo universo *en cada capítulo?*

Yo no he tenido pasiones, sino arrebatos.

Sólo, que, por culpa de la época, me tomaron por un fanático y sufrí las consecuencias de mis caprichos, como si se hubiera tratado de convicciones.

30 de agosto
He vuelto a ver, después de treinta años, a Sorana Topa. Igual de aguafiestas, siempre haciendo preguntas impertinentes y creando un malestar bastante penoso, hay que reconocerlo. Anoche tenía —más que de costumbre— un aire de campesina rusa, extraviada en una ciudad. Si se hubiera quedado en el campo, habría sido sin duda el alma de alguna secta, en su aldea.

Una follonera apasionada por la metafísica. Toda su vida ha hablado del eclipsamiento, de la superación del yo y, en realidad, nunca ha podido disimular sus fuertes «ambiciones», sus veleidades de dominación, su temperamento imperioso. Nunca he visto a una mujer más apta para incomodar.

He leído en un libro de Montchrulski un fragmento del Diario de Suslova relativo a sus relaciones con Dostoyevski; la escena sucede en Baden-Baden, en la alcoba de la muchacha: clara impresión de que D. padecía la tara de Michkin: la impotencia. Eso explica sus extrañas relaciones con la estudiante. Si en sus novelas el hombre y la mujer no se *encuentran*, si se atormentan uno al otro, es porque para D. la sexualidad se reduce a la *violación* o al *angelismo*. Sus personajes: disolutos y ángeles, nunca *hombres*. D. no lo era, desde luego. Casi todas las personas «complicadas» en el amor son deficientes sexuales.

Dos hombres ejercen en mí un efecto estimulante y siempre me han infundido deseos de trabajar, de hacer algo, de querer a toda costa dejar alguna huella: Napoleón y Dostoyevski. (Entre paréntesis, ¡dos epilépticos!)

Acabo de escribir a mi hermano que lo único que me queda es escurrirme entre dolencias antiguas y recientes, encontrar, en una palabra, un *modus vivendi* con la muerte.

Formo parte de la última categoría social... oficialmente. No me vanaglorio de ello lo más mínimo. Soy modesto en el fracaso.

En la radio, la misa en Notre-Dame de las exequias de François Mauriac.

El francés es una lengua extremadamente desacralizada. Cuando el arzobispo de París ha pronunciado antes la expresión «adorable Trinidad», he tenido un sobresalto de asco. Además, en esta cantinela de una imploración a Dios, «Te rogamos», hay algo ridículo: es el lenguaje de la conversación. Con la abolición del latín se ha asestado un golpe mortal al catolicismo (al menos en Francia).

¿Cómo se puede rezar en francés? Se puede uno dirigir a Dios en todas las lenguas, salvo en ésta.

Mi enfermiza admiración por Alemania ha envenenado mi vida. Es la peor locura de mi juventud. ¿Cómo he podido rendir culto a una nación tan poco interesante en el fondo? Mediocres sumamente obstinados, sin la menor independencia espiritual. Se lo achaco a la filosofía, pues ella fue la que me movió a esa veneración mórbida. Si de una enfermedad estoy curado, es de ésa. Si un día la describiera en detalle, y tal como la viví, me encerrarían en un asilo de alienados, me castigarían *por haber estado loco*. Sería el único caso de esa clase y yo sería el primero en suscribir ese internamiento.

La desesperación colectiva es el factor de ruina más potente. El pueblo que cae en ella nunca llega a recuperarse del todo.

La desesperación destruye las «costumbres». Es lo que ha ocurrido en Rumania, donde las pocas tradiciones que había fueron barridas en muy poco tiempo. La propia desesperación conduce al heroísmo o a la apatía. Sobre todo a la apatía.

No conozco nada peor que una larga plática con alguien que te da la impresión de que no tiene un alma, más precisamente, de que es materia no *animada*. Digo bien: que no tiene un alma, y no que no tiene alma, dado que esta última expresión se refiere a la ausencia de bondad. Se trata de algo muy distinto, de llevar dentro fuego o al menos cenizas no enfriadas.

Mi única constante: el gusto por la desmesura. Gusto sólo y no pasión. El caso es que, sin él, el aburrimiento me habría dejado reducido a polvo.

Pim pam pum, de Eugène Ionesco. No tengo la impresión de salir de un espectáculo, sino de un lugar en el que me han zurrado la badana. Obra poderosa y desconcertante, una danza macabra en la que lo cómico no está bastante presente. ¿Se podría hacer una obra dramática sobre un bombardeo? El Apocalipsis es hermoso por el lenguaje, por la poesía. Ni uno ni otra se advierten en este *Pim pam pum*. Pero, en fin, la obra, o, mejor dicho, el espectáculo, *existe*. Sales de ella molido, la verdad.

En *El rey se muere*, moría *alguien*. En este caso, es la muerte anónima, impersonal, ya que quienes en ella mueren son símbolos o tipos, que, a fin de cuentas, corresponden a la estadística.

No se debería confundir tragedia y horror. En Shakespeare son *individuos* los que matan o son muertos. En este caso, los personajes ni siquiera tienen nombre, es una *masa* que sucumbe. Ni siquiera es teatro de guiñol, es una pesadilla intensa y a veces grosera. Pero, una vez más, una pesadilla que existe.

A lo largo de todo el siglo XIX, la *intelligentsia* rusa era atea, quiero decir que gracias al ateísmo se emancipaba y se afirmaba. Hoy, dado que el ateísmo ha triunfado, es creyente, quiero decir que quiere separarse de la incredulidad y emanciparse *mediante la fe*. ¡Qué ironía!

21 de septiembre
Ayer, en el Museo Carnavalet, contemplé el retrato de Talleyrand. Finura extraordinaria del rostro y una sonrisa imperceptible, exactamente como me imaginaba yo que debía ser.

A su lado, Napoleón resulta plebeyo y las cabezas de la Revolución vulgares (Danton, ¡qué jeta!).

En Robespierre, en cambio, hay una distinción concertada, afectada, una anemia estudiada, deseada.

El dios cristiano no cesa de defraudarnos: promete lo que no puede cumplir, mientras que Zeus y sus comparsas, al no prometer nada, no podían defraudar. Eran a la vez protectores y enemigos, que tan sólo toleraban en el hombre una forma de desmesura: en la desdicha. En todo lo demás, eran envidiosos, y una felicidad insolente de sus esclavos suscitaba inmediatamente su envidia salvaje. Todo eso resulta verosímil, coincide con lo «real»... mientras que en el cristianismo estamos en la mentira, sublime seguramente, pero mentira igual.

Inconveniente: una de las palabras que más cariño me inspiran. Y es del todo cierto que sólo veo el lado negativo de las cosas. No tanto negativo cuanto doloroso. Un crucificado sin fe. ¡Un calvario pagano!

En las noches en blanco es cuando percibimos, registramos, vivimos, el paso del tiempo, el tiempo en sí, reducido a una esencia de transcurso, sin la discontinuidad de los instantes. Todo desaparece. El silencio se hace inmenso. Escuchamos, no oímos nada, no vemos nada. Los sentidos no están ya dirigidos al exterior. Es que ya no hay un *exterior*. Lo que sobrevive a esa sumersión universal es ese paso a través de nosotros, que somos nosotros y que tan sólo cesará con el sueño o con el alba.

26 de septiembre
Ayer, velada excelente con Sam y Suzanne. Si el adjetivo «noble» tiene sentido, es aplicable a Sam, está hecho para él.

En Yuste, Carlos V pidió que no lo llamaran *Señor* y que renunciasen a tratarlo como a un emperador. «Ya no soy nada», decía.
La idea de despojarse del poder se remontaba a muy atrás. Muchos años antes, había expresado el deseo de hacerlo al duque de Gandía, el futuro Francisco Borgia, que, como él, iba a despojarse de todos sus cargos y todos sus títulos.

223

Lo inaudito en el caso de Carlos V es su glotonería. Aun gotoso, no cesaba de comer y, además, caza. Su médico italiano le suplicó que renunciara a la cerveza; respondió que no lo haría. Todo aquello se combinaba —cosa bastante extraña, desde luego— con su gran cansancio y su voluntad de desposesión.

30 de septiembre
De nada sirve que crea yo en la libertad: no por ello deja de resultarme difícil admitir que sea más real que la necesidad. Somos libres en la superficie, pero no en las profundidades. Normalmente, parece que yo fuera el dueño absoluto de mis actos e incluso de mi «destino»; en cuanto me examino un poco más en serio, me doy cuenta de que en absoluto es así.

La libertad sólo tiene sentido para una persona sana; casi no la tiene para un enfermo.

¿Acaso somos libres para no morir?

La rebelión es una señal de vitalidad, al tiempo que de indigencia metafísica. Cuando hemos ido al fondo, no ya de las cosas, sino de una *sola* cosa, podemos aún rebelarnos, pero ya no creemos en la rebelión.

Sartre es un misterio para mí. ¿Cómo se puede carecer hasta tal punto de sentido del ridículo? Su origen alsaciano ha de tener mucho que ver al respecto. Ahí tenemos a un hombre que suplica al tribunal que lo detenga, que lo implora en todos los procesos en que presta testimonio, que acude a declarar que no es un «hombre de paja» del izquierdismo, que aprueba sus ideas, no todas, pero casi... y el tribunal permanece insensible a sus imploraciones. La filosofía no parece compatible con el humor. Y pienso en uno de mis amigos, filósofo, que dice de todas las personas que conoce bien: es un hombre (o una mujer) que me *asombra*.

R. Abellio concede una gran importancia a las mujeres, tanto en su sistema como en la vida: ésa es una prueba clara de que algo no funciona... Sus consideraciones sobre la «mujer *última*», opuesta a la mujer (¿cómo la llama?, digamos *superficial*) son pueriles y entristecedoras; manifiestan una grave inexperiencia o deficiencia. En el mejor de los casos, son propias de un insatisfecho.

Y, sin embargo, es un hombre que no carece de encanto; así, pues, no se comprende por qué es tan generoso con el otro sexo. (Cierto es que, en cuanto alguien habla de mujeres, resulta sospechoso, sea cual fuere la forma como las defina. Parece que constituyen un tema reservado a los adolescentes, a los viejos chochos y a los impotentes de cualquier edad.)

Mi sueño: tener una «propiedad», a un centenar de kilómetros de París, en la que pudiera trabajar con las manos durante dos o tres horas todos los días. Layar, reparar, demoler, construir: cualquier cosa, con tal de estar *absorto* en un objeto cualquiera, un objeto que yo maneje. Desde hace ya años, coloco ese tipo de actividad por encima de todas las demás; sólo ella me llena, no me deja insatisfecho y amargado, mientras que el trabajo intelectual, que he dejado de apreciar (aunque sigo leyendo mucho, pero sin gran provecho), me defrauda, porque despierta en mí todo lo que quisiera olvidar y ha quedado reducido ya a un encuentro estéril con pro-

225

blemas que he abordado indefinidamente sin resolverlos.

Todos cuantos se han interesado por mis producciones, con pocas excepciones, me han dejado. ¿De quién es la culpa? A veces pienso que ellos son los culpables; a veces, que lo soy yo. ¡Poco importa! No debemos quejarnos de que resulten cada vez más escasos esos censores disfrazados de aduladores. El extraordinario malestar delante de un «admirador». Sensación de estar vigilado, acechado, amenazado. En cambio, ¡qué libertad la de no ser observado por nadie!

Ha muerto Lucien Goldmann. Es el hombre que más daño me ha hecho en el mundo, el que durante veinte años propaló en París calumnias atroces sobre mí, el que llevó a cabo una campaña sistemática contra mí, con total éxito, puesto que logró hacer el vacío alrededor de mi... nombre. Cualquiera, en mi lugar, habría tenido reacciones propias de Céline. Pero yo logré vencer una tentación tan baja como explicable y humana. Me reconcilié con él e incluso le perdoné.[1] Hace diez años, su muerte me habría alegrado; ahora me inspira sentimientos contradictorios de todo tipo, incluso de pena.

(En realidad, nunca le tuve rencor. En secreto, me alegraba de que me volviera odioso; sin sus calumnias, yo habría sido aceptado, adoptado, y, en lugar de concentrarme, me habría dispersado. Seguramente es molesto tener un enemigo activo, pero en ciertos sentidos es provechoso, pues te impide dormirte en la comodidad y la seguridad. Sin él, mi vida, desde 1950, habría co-

1. Véase supra, pág. 180.

brado otro cariz. Creo incluso que habría podido hacer carrera... universitaria. Pero me cortó el paso por doquier, pues era poderoso por omnipresente. Si hubiera yo entrado en el CNRS —Centro Nacional de Investigaciones Científicas de Francia—, habría hecho una tesis. No sé lo que valen mis libros; al menos son *mis* libros y los he escrito para mí solo; por eso, han merecido algunos lectores. Siempre hay que agradecer a un enemigo que nos haga centrarnos en nosotros mismos, que nos salve de la dispersión y la verborrea, que sus acciones redunden, pese a todo, en provecho nuestro. Lo ha logrado infligiéndonos duras pruebas, humillaciones y sufrimientos sin nombre, con las que esperaba destruirnos. Ha sucedido lo contrario. Por eso, el auténtico vencido ha sido él.)

Hay que perdonar, por la simple razón de que resulta difícil y casi imposible. Todo el mundo es mezquino y sólo piensa en la venganza. *No vengarse* es la única hazaña moral, el gesto más hermoso que se puede tener. Siempre que sentimos deseos de vengarnos, deberíamos pensar en que eso corresponde a los otros, que es facilón, puesto que todos lo logran, y que sólo hay nobleza en la singularidad del perdón, aunque sea impuro.

Dos mentalidades rebeldes habrán marcado este siglo con métodos diametralmente opuestos: Lenin y Gandhi. El primero es idolatrado por continentes enteros, el segundo por individuos aislados, por solitarios. Debería haber ocurrido lo contrario. Pero, por increíble que parezca, la no violencia no seduce a las multitudes.

¿Cómo explicar mi antigua pasión por la filosofía religiosa rusa? Se trata de un tipo de pensamiento que en su contenido no me conviene, que no suscribo y, sin embargo, me fascina, como todo lo que es extremo, aventurado, inverificable. Debo decir también que he encontrado en ella apreciaciones que me han permitido comprender ciertas cosas; de todos modos, no podía dejarme indiferente, ya que en gran parte se inspira en Dostoyevski. Por tanto...

No dramaticemos. La Humanidad ha conocido angustias increíblemente más intensas que las que sentimos hoy: pensemos en las pestes, en la espera del fin del mundo, en las invasiones bárbaras. Sí, seguramente. Pero no tenía medios para precipitarse por sí misma en el «fin del mundo». Siempre podían intervenir los dioses y, por lo demás, a ellos iba a deberse el fin. Ahora sabemos que se está preparando en laboratorios y que puede surgir en cualquier momento, ya sea por cálculo o por descuido. A eso se debe que la aventura humana resulte tan interesante. Pues ante todo es una aventura.

¿Por qué se agravan con la edad los defectos y los vicios? Porque se desgastan menos que las virtudes y, además, son más propios de nosotros, más individuales, mientras que estas últimas parecían —y son, por lo demás— más impersonales, más abstractas y más convencionales. No tienen *rostro*, mientras que los vicios y los defectos llevan la marca de la unicidad, sin por ello dejar de ser atributos universales del hombre.

Para permanecer en la verdad, para evitar la falsedad y la paradoja fácil, hay que transigir con ciertas trivialidades y mezclarlas con consideraciones más personales y más aventuradas. La originalidad a toda costa es buena para los literatos, pero, cuando perseguimos alguna verdad de índole espiritual, ya no buscamos el *efecto* y la *expresión* deja de contar.

30 de octubre
Recibo cartas de jóvenes que han leído el *Breviario*. Todos son más o menos desequilibrados, la mayoría pobres diablos (en realidad, el título del libro debería haber sido: *Manual del pobre diablo*).

Un texto cargado de citas, ¿qué prueba? ¿Modestia? ¿Cobardía? ¿O competencia? Más que todo eso, un deseo de indicar que el tema no te concierne directamente.

El sentimiento religioso se reduce a la sensación de omnipresencia de lo divino. Pero no siempre se *siente* el misterio. La mayoría de las veces sólo se percibe con intermitencias y muy de tarde en tarde. Así, tenemos accesos de religiosidad. No existe un *estado* religioso duradero. La mayoría de las veces el creyente *recuerda* que es creyente: sabe que lo es, en el momento mismo en que su fe parece haberse apagado o desvanecido.

5 de noviembre
Crisis de nervios en la calle. En el quiosco de periódicos he estado a punto de reñir con la buena mujer; en

el mercado, he echado una bronca a la vendedora, que, al ver mi despiste, quería visiblemente engañarme. ¡Qué horrible! Sabía que, al salir de casa, cualquier cosa me pondría fuera de mí. ¡Y pensar que en otro tiempo ambicioné emular a Buda!

El editor ha publicado todas las páginas que le he enviado, excepto una, en la que decía que «me habría gustado ser hijo de un verdugo».
Siempre he sufrido por ser hijo de padres honorables. Pero se trata de algo que no se puede decir, porque no se sabe cómo hacerlo comprender y aceptar. Habría preferido tener monstruos como antecedentes, aunque sólo fuera para poder odiarlos. Siempre he envidiado a los que tenían razones para detestar a sus padres.

El pesimismo: una enfermedad de familia. Todos los míos la han padecido. Mi hermano está igual que yo al respecto. Mi padre, un ansioso consumado, que tenía miedo de todo, increíblemente honrado, modesto y sin estatura; mi madre, ambiciosa, farsante, alegre y amarga según los momentos, activa, obstinada, de una vanidad poco común y extraordinariamente capaz, de una mentalidad mucho más fina que la de mi padre, en el fondo destrozada interiormente y decepcionada. Yo he heredado casi todos sus defectos y algunas de sus cualidades, pero no tengo nada de su energía y su obstinación. A su lado, soy un simple veleidoso, un aspirante, una promesa (¡a los sesenta años!).

12 de noviembre de 1970

En 1937, cuando me marché de Rumania, debería haber ido a Inglaterra. Nada tengo en común con los ingleses, saben dominarse, no son expansivos ni agresivos, les repelen las confidencias, no se encolerizan. Junto a ellos habría yo aprendido un poco de *compostura*. Junto a los parisinos, casi todos cuyos defectos comparto, estoy constantemente encolerizado. Tienen el don de ponerme fuera de mí, con su irritabilidad, sus modales impertinentes, sus aires presuntuosos, su vanidad... efectos, todos ellos, que en modo alguno me son ajenos. Todos los días tengo que hacer esfuerzos —sin lograrlo la mayoría de las veces— para no pelearme con la gente, que precisamente lo está esperando; si no te prestas a la comedia de la rabia, la defraudas incluso, les disgustas. Con los ingleses habría disfrutado de una paz, una serenidad, una despreocupación, un equilibrio tal vez fingido, tal vez imitado, pero, ¡este tipo de contagio es tan benéfico para los caracteres insatisfechos, atormentados, histéricos!

Me resulta muy difícil responder a la pregunta que me hacen con frecuencia sobre las razones de mi interés por la mística. Hace ahora cuarenta años que me «ocupo» de ella, de forma intermitente, cierto es, pero con una curiosidad apasionada, nunca desmentida.

Soy un escéptico *incompleto*. Toda la parte de mí que no ha sido absorbida o devorada por la duda se vuelve hacia lo opuesto. A eso se debe ese presentimiento del éxtasis, que representa ese sector de mi ser que el escepticismo no ha conseguido invadir.

Todo estado *intenso* es necesariamente mórbido, ya se trate del amor, del entusiasmo o del terror. Normalmente, deberíamos atenernos a nuestras necesidades, satisfacerlas y evitar todo lo que podría complicarlas, «ahondarlas».

18 de noviembre
Soy un discípulo de Job, pero un discípulo infiel, pues no he sabido adquirir las certidumbres del Maestro, sólo lo he seguido en sus gritos...

Dostoyevski es, después de Gogol, el mayor genio satírico de Rusia. ¡Qué admirable retrato grotesco de los byronianos rusos acabo de leer en la recopilación de *Relatos polémicos* de la colección «La Pléyade»![1] Es de la misma vena que *Los poseídos*, en el aspecto caricaturesco, claro está.

Cada cual con su demencia: la mía es la de creerme el hombre más desengañado que haya existido jamás. El exceso de esa afirmación prueba su irrealidad. Aun así, a veces tengo la sensación de que nadie está ni podrá estar menos engañado de lo que lo he estado yo en ciertos momentos, sólo en ciertos momentos. Pues todo en mí es coyuntura, fecha, instante, *sensación* precisamente.

20 de noviembre
Esta mañana en la cama, certidumbre luminosa: sólo vivimos *con vistas a* la muerte. Ella lo es todo: la vi-

1. Relatos, crónicas y polémicas.

da no es nada. Y, sin embargo, la muerte carece de realidad, quiero decir que no existe algo que sea la muerte, independiente de la vida. Pero precisamente esa ausencia de autonomía, de realidad distinta, es lo que vuelve universal, omnipresente, la muerte: está en verdad por doquier, porque no tiene límites y se resiste, como Dios, a toda definición.

Lo que escribí a M. hace veinte años sigue siendo cierto: soy un discípulo de Job y de Chamfort. Sin embargo, sin ellos habría sido el mismo y habría tenido la misma visión exactamente de las cosas. ¿Lo que les debo? Nada, sólo el consuelo de un gran parentesco, la conciencia tranquilizadora de saber que no estás solo, que otros han gritado o se han reído burlones del mismo modo...

Mañana espléndida, divina, en el parque del Luxemburgo. Veía a la gente pasar y volver a pasar y me decía que nosotros, los vivos (¡los vivos!), estamos aquí tan sólo para rozar por un tiempo la superficie de la tierra. En lugar de mirar la jeta de los que pasan, miraba sus pies y todas esas personas no eran para mí sino pasos, pasos que iban en todas las direcciones, danza desordenada a la que sería vano prestar atención... En esas reflexiones estaba, cuando, al levantar la cabeza, he divisado a Beckett, hombre exquisito, cuya presencia surte un efecto singularmente benéfico. La operación de cataratas, en un solo ojo de momento, ha salido muy bien. Empieza a ver de lejos, cosa que no podía antes. «Voy a acabar volviéndome un extrovertido», me ha dicho. Los comentaristas futuros tendrán que encontrar la razón, he añadido yo.

No es el *absurdo* lo que se opone al misterio, es la nada. El misterio es señal del ser. Allí donde está, indica una plenitud *oculta*.

Mientras tenemos el sentimiento del misterio, conservamos implícitamente una dimensión religiosa. Pues ser *religioso* es *sentir* el misterio, incluso fuera de toda forma de fe.

Un escéptico, en la medida en que experimenta ese sentimiento, *corre el riesgo* de dar un día un salto fuera de la duda.

Debo reconocer que no siempre siento la presencia del misterio. A veces soy totalmente insensible a él. Así, en el *aburrimiento* todo me parece desprovisto de segundo plano, de posibilidad de desembocar en algo, en alguna realidad por fortuna inaccesible, pero *inexistente*. El *aburrimiento*, como evaluación global de lo real, está en los antípodas de lo misterioso. En el aburrimiento, ya nada nos fascina, ni siquiera la *nada* del aburrimiento. (El misterio fascina, pues incluso el espanto inspira cierta fascinación.)

Definir la «demencia precoz» como un «repliegue sobre sí mismo», como hacen los tratados de psiquiatría, es ridículo. Esa clase de dementes no se repliegan sobre nada y no se puede hablar de «sí mismo» a propósito de esos objetos postrados.

El repliegue sobre sí mismo puede conducir a la demencia, pero la demencia es el cese de dicho repliegue. Se podría decir más bien que no consiste en replegarse sobre sí mismo, sino en hacerlo lejos de sí mismo, pues es una huida, por no decir una supresión, de sí mismo. Una forma radical de deserción.

¿Los instantes de mi vida que más cuentan? Aquellos en que no hacía nada, en que permanecía tumbado, atento al paso del tiempo o rumiando alguna pregunta. Nada supera a la meditación, que es la forma suprema de ocio. El tiempo vacío de la meditación es, a decir verdad, el único tiempo lleno. Es sonrojante todo lo que he hecho, pero nunca me sonrojaré ante lo que no he hecho, instantes, horas, en que no me manifestaba, en que no necesitaba actuar ni producir, pues era. Eso es meditar: no hacer otra cosa que ser. El hombre vivió durante mucho tiempo en ese estado, del que se alejó y que no intenta recuperar. Por lo demás, no lo lograría. La meditación se ha vuelto un secreto, cuando, en realidad, debería ser un bien común y un dato trivial evidente. Eso sólo basta para juzgar y condenar al hombre.

7 de diciembre
De vez en cuando recibo cartas desesperadas, inspiradas más o menos por el *Breviario* y a las que debo responder. Como la mayoría de las veces se trata de pensamientos de suicidio, me esfuerzo por quitárselo de la cabeza a quien me escribe. Pues alentarlo no es posible, la verdad, por mil razones. Lo malo es que mis cartas, forzosamente edificantes, no pueden ser más convencionales y en contradicción con lo que pienso de verdad. Ese papel de «apoyo moral», de confesor laico, que he debido asumir, no es la menor ironía de mi vida. Sobrevivir a un libro destructor es siempre penoso para un escritor.

16 de diciembre

Esta noche he encontrado la respuesta para la pregunta que me había formulado Bondy,[1] hace un mes: «¿Qué sentido hay que atribuir a la *Zerfall*, a la *Bitternis*[2] de sus primeras obras?».

Creo que la experiencia fundamental que he tenido en mi vida no es la de la desdicha, sino la del tiempo, me refiero a la sensación de no *pertenecer* al tiempo, de serle exterior, la sensación de que no es *mío*. A eso se ha debido mi «desdicha», en eso hay que buscar la explicación de la «podredumbre» o de la «amargura».

Todo acto supone la participación en el tiempo; actuamos porque estamos en el tiempo, porque *somos* tiempo, pero, ¿qué hacer? ¿Qué emprender cuando estás separado del tiempo? Seguramente puedes reflexionar y aburrirte, pero no puedes matar el tiempo, él es el que te mata, al pasar al lado de ti, *al lado*, es decir, a mil leguas. (Esa experiencia ya la he descrito en el último capítulo de la *Caída*. Pero esta noche todo eso me ha parecido de pronto nuevo y como una revelación.)

«Le confieso que he empezado a creer que no es tan difícil morir como se cree»: Luis XIV, en su lecho de muerte, a Madame de Maintenon.

Siempre he pensado que esa «observación» del rey lo rehabilitaba y mostraba que no era tan insulso como nos lo habían presentado.

---

1.   Antes de realizar la emisión de televisión de que habla Cioran, François Bondy, antiguo redactor-jefe de la revista *Preuves*, conversó con él, con vistas a un artículo publicado en *Die Zeit*, el 4 de abril de 1970, «Der untätigst Mensch in Paris» («El hombre más desocupado de París»). Véase Cioran, *Conversaciones, op. cit.*
2.   «Descomposición» y «amargura», en alemán.

Para creer, hay que ser de una pieza, hay que gustar también de la *estabilidad*, pues Dios es eso en primer lugar. Además, hay que poder escribir *verdad* con mayúscula. A eso es a lo que nunca me resignaré. Todo es capitulación, salvo la inquietud, salvo la sed no saciada de verdad.

Esas dos judías extraordinarias: Edith Stein y Simone Weil. Me gusta su *sed* y su dureza para consigo mismas.

Mis impresiones sólo me interesan en la medida en que logro convertirlas en fórmulas. Toda sensación es una posibilidad de pensamiento. *Vivir* no significa nada; cualquiera lo consigue. Me gustan las apariencias y, sin embargo, soy lo contrario de un pintor, pues no sé qué hacer con mis miradas, salvo falsearlas introduciéndolas en algún concepto.

1 de enero de 1971
En el hotel Majory, hace veinte años, había adoptado la costumbre de colgar durante dos o tres meses fotos de gente que me gusta. Ante el retrato de Schopenhauer, la doncella me preguntó un día: «¿Es la foto de su padre?».

De nuevo esta mañana he logrado, también en la cama, hacer el vacío en mí y en torno a mí. Nada ya, salvo esa nada. Exaltación sosegada. Gozo de la abolición. Lo que se llama *absoluto* podría ser esta forma de gozo. Delicia de la ausencia de todo. Y, sin embargo, nada falta, puesto que nada se desea. ¡Qué voluptuosidad cuando te dices que ya no deseas nada!

El hombre es el arquetipo del animal conquistador. Toda su historia es una sucesión de conquistas y por tales no hay que entender sólo las acciones militares, sino también cualquier empresa, técnica, literaria, social, etcétera. Por lo demás, digo bien: *conquistas* científicas; con razón, pues entrañan *violación*, profanación del enigma, de lo desconocido, del reposo de los elementos, con vistas a un aumento de poder. Un depredador coronado como rey de la Tierra.

De joven, me gustaban Nietzsche, Spengler, los anarquistas rusos del siglo XIX, admiraba a Lenin, podría prolongar la lista indefinidamente. Me gustaban los orgullosos de todas clases, que son legión.

Pero Buda, que me gusta actualmente, ¿acaso no fue, también él, un gran orgulloso? ¿El mayor de todos? Renunciar al mundo y predicar después la renuncia, porque hay que sufrir, envejecer y morir, ¿no es rechazar la propia condición del hombre? ¿La condición *en sí*? ¿Qué revolucionario, qué nihilista, se ha fijado una meta más elevada? Al lado del príncipe hindú, el visionario más febril parece modesto. Era en verdad una inspiración inaudita la de querer *imponer* al mundo la renuncia, querer también arrastrar a todos sus semejantes presentes y futuros para sacarlos del camino que les ha trazado la Naturaleza. Cuando pienso en las dimensiones de semejante empresa, me siento incapacitado para seguir cualquier otra forma de aventura, cualquier otra voluntad de cambio. ¡Qué mezquinas pueden parecer las revoluciones exteriores ante las interiores! Así, pues,

Buda fue también un conquistador, pero un conquistador *sui generis*.

Si Pascal hubiera vivido en el siglo XVIII, habría sido Hume. El interés de los *Pensamientos* estriba en la incompatibilidad que en ellos se expresa. Pascal había nacido para disolver verdades, pero se dedicó a consolidarlas. Ya sólo interesa por sus contradicciones y por lo insoluble que hay en el fondo de su fe, una fe para cuya salvación se agotó, se mató.

Las imperfecciones de un individuo se agravan en contacto con una fe nueva. Es que da un impulso más vigoroso a los defectos que dormitaban, mientras ese individuo no participaba en nada con pasión. Cierto es que también se realzan sus cualidades y se refuerzan. Eso lo sabe, pero ignora que sus defectos aumentan en proporción. A eso se deben las ilusiones del neófito.

15 de enero
La meteorología y yo. Sólo Maine de Biran vivió tan intensamente el drama de tener que sufrir *en su mente* las fluctuaciones de temperatura, de *tiempo* en el sentido menos metafísico posible. Sobre todo el deshielo, la tendencia a la mejora, es lo que siento más cruelmente. Se parece a una enfermedad con síntomas desconcertantes que, sin embargo, conozco, pero que siempre me sorprenden, como si fuese la primera vez que se manifestaran. El más penoso de todos es el que me da la sensación de un velo en el cerebro y que perturba su funcionamiento. Entonces lo mejor es acostarse, *abdi-*

239

car: eso es lo que he hecho hoy, pues sólo el sueño remedia —por un momento— los implacables efectos del clima.

16 de enero
Pienso con frecuencia en la palabra «Nada», escrita por Luis XVI en su diario en la fecha que iba a señalar el comienzo de su agonía: 14 de julio. Todos estamos en su caso, no distinguimos el comienzo exacto de nuestra decadencia.

Peor que el humor es la ironía. El humor minimiza el valor de todas nuestras experiencias. Pero, si acaso, permite ciertas incursiones en el misterio. Hubo incluso santos que no desdeñaron los medios del humor. Digamos que la santidad concuerda con cierto acceso de humor e incluso de ironía. Pero lo que no puede tolerar sin destruirse es la ironía sistemática, la ironía como baza del espíritu, como *don*, como talento y como automatismo. Pues está en los antípodas mismos del éxtasis.

El argumento contundente contra mi país es el de que no ha dado ningún místico. Nadie que haya tenido una experiencia verdaderamente profunda. Entendámonos: no quiero decir que no haya habido nadie que haya alcanzado la experiencia mística. Lo que quiero decir es que no hay nadie que *haya creado* a partir de esa experiencia, que haya llevado su nombre asociado a ella, que haya innovado al respecto, aunque sólo fueran unas fórmulas.

Hay que tener un mínimo de afinidades con aquello a lo que atacamos o, si se trata de una persona, es necesario que esté en los antípodas exactos de lo que somos, pero en eso mismo nos parecemos a ella, aunque no se trate de afinidad, sino de simetría. La simetría es un parecido.

Acabo de leer un libro en apariencia inactual. Pero nada de lo relativo al judaísmo está caduco. Se trata de una breve biografía de un judío del siglo XII, que en Renania se convirtió al cristianismo. Sus correligionarios quisieron lapidarlo. Al final se salvó y entró en un convento. El neófito se llamaba Judas de Colonia... y su libro *Historia de mi conversión*.

El fanatismo de los judíos supera el entendimiento. Pero al menos prueba que se puede ser fanático y sutil, cosa que nunca ocurre con los otros pueblos. La singularidad de los judíos es total. Están aquí para demostrar que la paradoja de ser hombre es inagotable y que las incompatibilidades corrientes no les afectan, que las vuelven posibles, existentes, con su ejemplo, en el que coexisten todos los contrarios.

Si hubieran sido *tolerantes*, hace mucho que habrían desaparecido. Su perennidad se debe a su increíble sectarismo. Dos mil años de ardor y odio no han consumido su vitalidad.

5 de febrero de 1971

Atolladero.
El atolladero no es trágico. Pues la tragedia *acaba* en el hundimiento. Avanza hacia el fin, se debate *con*

vistas a la ruina. No es estática, mientras que el atolladero lo es necesariamente.

En la tragedia, hay un desarrollo y una conclusión: el tiempo desempeña en ella un papel capital, mientras que está ausente del atolladero, que pertenece al mundo de la identidad.

8 de febrero

Un texto de Genet sobre Giacometti, en el que la admiración raya en la idolatría. Tono excelente, pero desmesurado, *fuera de lugar*. Asombra tanto respeto por un escultor menor. Y por parte de un iconoclasta.

Parece como si el autor estuviera contemplando a Miguel Ángel y conversando con él. En fin, debemos alegrarnos de ver ingenuidad en aquellos que profesan carecer de ella.

Hablan de mi «estilo». Pero mi estilo no interesa en absoluto. Tengo algo que decir, lo digo y lo que digo es lo que cuenta; la forma de decirlo es secundaria. El ideal sería escribir sin estilo; yo me esfuerzo y lo lograré. Lo único que importa es el pensamiento. El resto es para literatos.

Heidegger y Céline: el filósofo y el escritor que, después de Joyce, más se han ocupado de la lengua para modelarla, torturarla, *hacerla hablar*...

Verdugos del lenguaje.

Al contemplar las fieras en el Jardín Botánico: lo que para ellos es la jaula para nosotros es el Tiempo.

Cada uno de nosotros está encerrado detrás de barrotes más o menos visibles.

La sabiduría griega se resume en la máxima: «Mortal, piensa como mortal».

(Todas las veces que el hombre olvida que es mortal, se siente movido a hacer grandes cosas y a veces lo consigue, pero al mismo tiempo ese olvido es la causa de todas sus desdichas. No se eleva impunemente. *Renunciar* no es otra cosa que conocer nuestros límites y aceptarlos. Pero eso es ir contra la tendencia *natural* del hombre, que lo impulsa hacia la superación, hacia la ruina.)

A veces tengo la sensación de que mi demonio me ha abandonado. A eso conducen los abusos de calmantes, la frecuentación del budismo y la voluntad de sabiduría. A fuerza de resistirme a mis inclinaciones, de luchar contra mis defectos, tenía que empobrecerme inevitablemente, extenuar mis apetitos y mis ambiciones, precipitarme en una esterilidad aflictiva, estúpida, «noble».

Mientras deambulábamos anoche por calles minúsculas, P.S. me dijo una cosa que me llamó la atención: «Alguien debería escribir algún día sobre las relaciones de usted con París, pues no cabe duda de que existe una relación entre la atmósfera de París y su forma de ver las cosas».

No puede ser más cierto: pese a no tener ya vínculos, me he *arraigado* en París. Es *mi* ciudad. Lo que tenemos en común es cierto desánimo. Un desánimo

243

digamos metafísico se ha injertado en un desánimo parisino.

Las cosas como son: sobre todo con los judíos me entiendo a fondo, porque, como todos ellos, me siento fuera de la Humanidad.

El hombre es *libre* en la medida en que puede no actuar enseguida. Sólo el fallo de sus reflejos garantiza la libertad. Es lo que le concede el margen para reflexionar, sopesar, elegir. Crea un intervalo, un vacío entre sus actos. Ese *vacío* es el espacio y la condición de la libertad. El hombre es hombre por sus insuficiencias. Si no hubiera cierto desequilibrio en sus reacciones fundamentales, sería un simple autómata.

Leer un libro por el placer de leerlo y leerlo para hacer una reseña son dos operaciones radicalmente opuestas. En el primer caso, nos enriquecemos, hacemos pasar dentro de nosotros la sustancia de lo que leemos; es un trabajo de asimilación; en el segundo, permanecemos exteriores, por no decir hostiles (¡aun cuando lo admiremos!) al libro, pues no debemos perderlo de vista un solo momento, sino que, al contrario, debemos pensar en ello sin cesar y *transponer* todo lo que decimos en un lenguaje que nada tiene que ver con el del autor. El crítico no puede permitirse el lujo de olvidarse, debe ser consciente en todo momento; ahora bien, ese grado de conciencia exacerbada resulta al final empobrecedor. Mata lo que analiza. Seguramente el crítico se alimenta, pero con cadáveres. No puede comprender una obra, ni aprovecharla, hasta después de haberle extirpado el principio vital. Considero una maldición tener que contemplar alguna cosa, sea lo que fuere, para hablar de ella. Mirar *sin saber que miramos*, leer sin sopesar lo que leemos: ése es el secreto. Todo lo que es demasiado consciente es funesto para el acto, para cualquier acto. No se puede hacer el amor con un tratado de erotismo al lado. Sin embargo, eso es lo que ocurre prácticamente por doquier hoy. La enorme importancia que ha adquirido la crítica corresponde al mismo fenómeno.

18 de marzo
Sybille me dijo anoche que Mircea Eliade tuvo el 9 de este mes un ataque cardiaco (¿pericarditis?) y hasta el 16 no lo declararon fuera de peligro los médicos. El ataque se produjo en una ciudad de Michigan, donde estaba con Christinel. He pasado toda la noche pensando en ese accidente, absolutamente inesperado. Pues, para mí, era una persona de una resistencia a toda prueba. ¡Cuántas veces no me he dicho que, si yo hubiera hecho la cuarta parte del trabajo que él, hace mucho que me habría muerto! Pocas veces he visto a alguien que como él se haya *entregado al surmenage*, por decirlo así, con semejante ardor. Todo lo contrario de un sabio, pues la sabiduría es la negativa a abusar de nuestras fuerzas, de nuestras capacidades, de nuestro tiempo. Lo que M.E. debería haber aprendido es el *arte de aburrirse*. Desconoce el placer de no hacer nada. Hago votos por que lo aprenda ahora.

Sólo deberíamos salir de una lengua en raras ocasiones. Siempre que leo en francés o en alemán, siento que mi francés se tambalea. Hay que atenerse a un solo idioma y ahondar en su conocimiento de la mañana a la noche. Para un escritor francés, una conversación en su lengua con una portera es más provechosa que una plática con un gran sabio en una lengua extranjera.

La indignación es señal de vida... y de infantilismo. Siempre que la experimento, me alegro y me entristezco. Quisiera llegar a aceptarlo todo, con la falta de asombro de un idiota.

En el fondo, la muerte no es sino el fin de una larga indignación.

Ha entregado el alma, ha cesado de indignarse.

Seguramente soy el producto de mis dos padres, pero ellos no son los culpables de lo que soy, las duras pruebas de mis veinte años, mis dolores y mis insomnios de aquella época, que dieron, todos ellos, a mis taras heredadas una dimensión de la que mis padres no son responsables, ellos, que me legaron tormentos tolerables y modestos y no aquellas convulsiones y aquellos gritos, aquellos suplicios inconvenientes, desmesurados.

24 de marzo

Fourier marcó el siglo XIX. (Por fourierista fue enviado Dostoyevski a Siberia.) Los pensadores mediocres (del tipo de Teilhard) siempre tienen más influencia que los otros. Ellos son los que originan las revoluciones. Un gran pensador, en el siglo XVIII, fue Hume. En nombre de sus ideas, demasiado sutiles, demasiado profundas también, no se producen sublevaciones: la duda no conduce al motín. Sí que conducen a él, en cambio, divagaciones al estilo de Rousseau, mente limitada, pero llena de calor.

No encuentro nada más desolador que ver las mismas ilusiones surgir y resurgir, a veces con las mismas fórmulas.

Todos hemos estado locos y, por tanto, hemos sido capaces de abrigar ilusiones, en cierto momento de nuestra vida. Eso es lo que explica por qué todos los errores antiguos y que considerábamos muertos para siempre resucitan y reviven hasta que vuelven a ser enterrados, pues el hombre no puede renovar indefinidamente su capacidad —o su provisión— de locura.

Para soportar la vida, hay que ser cínico o bobo. Cuando no se tiene la ventaja de ser cínico o bobo, la vida es una dura prueba a cada instante, una herida incurable.

8 de abril
Sesenta años, pues. Doy las gracias a todos los momentos de plenitud que he conocido durante tan largo o tan breve periodo de tiempo.

El tiempo que cada uno de nosotros habrá soportado es el único tiempo real. El otro, aquel en el que no hemos estado y aquel en el que no estaremos, corresponde a la lucubración y casi a la hipótesis.

Y, sin embargo, en esos dos tiempos habré vivido yo, mucho más que en el mío. Ésa es la fuerza, la omnipotencia de una avidez dirigida hacia mí mismo que nos impone cualquier instante, salvo precisamente aquel en el que estamos. Me he revolcado en milenios anteriores a mí y me he aburrido en los milenios posteriores. ¡Habría sido tan sencillo atenerme a este modesto intervalo en el que el azar me arrojó!

Sociedad «permisiva»... es decir, sociedad *sin prohibiciones*. Pero una sociedad sin prohibiciones a la larga se disgrega. Pues *sociedad* y *prohibiciones* son términos correlativos. Por eso, una sociedad se adapta mejor al terror que a la anarquía. La falta de libertad es compatible con cierta prosperidad, pero la libertad total es estéril y autodestructiva. Ése es el drama.

Lo mismo ocurre con la represión para la vida individual. Entraña inconvenientes: pero mucho mayores son cuando deja de haber represión, cuando ya no hay nada oculto, enterrado, *interiorizado*. El psicoanálisis, al querer liberar a los hombres, no hace otra cosa que encadenarlos... a su superficie, a sus apariencias. Los ha vaciado de sus secretos, los ha desposeído de su contenido, su madera, su sustancia. La represión tiene algo bueno. Y las psicosis consecutivas a su supresión son mucho más graves que las resultantes de la propia represión.

Cuando un francés habla de una realidad (la muerte, la historia, etcétera), no piensa en esa misma realidad, sino en las palabras que la expresan. Así, su pensamiento es exclusivamente verbal. Se me objetará: pero así es en todas partes. Seguramente, pero en ninguna parte me parece tan marcado ese fenómeno como en Francia. A eso se debe esa impresión de que todo lo que en ella se hace y se medita no llega a la intimidad de las cosas, sino que se reduce a un juego de espejos, a la sorpresa de la mente que tan sólo se encuentra en todos los casos a sí misma.

La razón profunda de que haya dejado de escribir es que he perdido la fe que tenía en la lengua francesa. Había una lucha entre ella y yo, yo la amaba y la detestaba; he llegado a sentirme indiferente. Ya no hay un malentendido entre nosotros ni dramas.

Lamartine, al reproducir una conversación con Talleyrand, atribuye a éste palabras de tono romántico (¡algo así como una corriente que al retirarse te inunda!) que resulta inimaginable de labios del personaje. (Es lo que en nuestros días hace Malraux con De Gaulle.)

Sensualidad y desánimo combinan perfectamente. Cuando ya no se cree en nada, se puede aún creer en eso.

Si me gusta tanto la correspondencia de Dostoyevski y de Baudelaire, es porque trata principalmente de dinero y enfermedad, los únicos temas «candentes». El resto apenas cuenta.

27 de abril
Desde siempre, mis relaciones con mi país han sido puramente negativas, es decir, que lo considero responsable de todas mis debilidades y todos mis fracasos. Me

ha ayudado a no realizarme, ha favorecido mis defectos, es la causa de mi hundimiento. Seguramente soy injusto al pensar así, pero esa forma de pensar también se la debo a mi país...

28 de abril
Cuando se ataca a la Iglesia en España, no hay que olvidar el papel que desempeñó en la cruzada contra los moros y en Rusia contra los mongoles. Esos dos países son «obra» de la religión. Después, en uno y en otro, iba a desempeñar un papel demasiado importante y con frecuencia opresivo, como ocurre siempre cuando se instaura una creencia y al final se sobrevive a sí misma.

El mayor placer que puedo experimentar es el de renunciar, el de negarme a asociarme con quien sea. Podría dar mi vida por una causa, a condición de no tener que defenderla. En cuanto alguien me pide que me adhiera y que suscriba una empresa que lleva a cabo, filosófica o de otra índole, prefiero romper mis relaciones con él antes que satisfacerlo. Que me exija cualquier cosa, salvo esa capitulación espiritual que consiste en entrar en un grupo y caminar con él, prietas las filas. Ya sólo tengo en común con los hombres el hecho de ser hombre...

En el dolor intenso, como en la voluptuosidad, el tiempo encoge hasta las dimensiones del instante; no supera el horizonte de la sensación.

Cartas turbadoras de Lutero sobre sus tentaciones, en el Wartburg. La abstinencia es, para una naturaleza sensual, un suplicio incalificable. El ascetismo sólo tiene sentido para quien guste de la autotortura. El Desierto es inconcebible sin el masoquismo.

Un admirador de Goethe pidió un día a su peluquero que le diera uno de los mechones del gran hombre. Recibió la respuesta de que todos los mechones estaban reservados desde hacía mucho y pagados por admiradores.

De lo que se llama la «nada» sólo tenemos de verdad la experiencia en momentos de felicidad insostenible. En la cima de ésta, ya nada subsiste, ya nada es. En su esencia, la felicidad es mucho más destructiva, más «metafísica», que la desdicha.

En la desdicha, luchamos, reaccionamos; nos afirmamos; pero la felicidad que nos invade nos aplasta, nos quita las fuerzas y nos deja desprovistos, enloquecidos, frustrados.

20 de mayo
Lo que Custine dijo de los rusos, que tenían la *costumbre* y no la *experiencia* de la desdicha, ¡es tan aplicable a mi país de origen!

Goethe o el arte de envejecer.
Goethe fue un virtuoso en el arte de envejecer. Yo lo he descuidado demasiado. Es hora de desquitarme.

Se trata de alguien que puede enseñarme cosas en punto a desapego. Y lo necesito mucho. No podemos curarnos de nosotros mismos (pues todo yo es una enfermedad) de otro modo que frecuentando nuestros antípodas. La salvación está siempre en lo opuesto a nosotros. Nos salvamos mediante lo que nos niega.

He frecuentado demasiado a los «románticos». Me han conducido hacia lo peor, hacia mí mismo. Podría haberlo logrado solo, sin esfuerzo. No valía la pena pedirles ayuda.

Historia y odio: éste es el motor de aquélla. El odio es lo que mueve las cosas aquí abajo, es el que impide que la Historia pierda aliento. Suprimir el odio es privarse de *acontecimientos*.

Odio y acontecimiento son sinónimos. Allí donde hay odio algo pasa. La bondad, por el contrario, es estática; conserva, *detiene*, carece de virtud histórica, frena todo dinamismo. La bondad no es cómplice del tiempo, mientras que el odio es su esencia.

13 de junio
Al contrario de lo que se cree, las conversaciones interesantes, en las que se abordan los grandes problemas, no son fecundas, porque en ellas decimos todo y después ya no deseamos volver a abordar con tranquilidad los mismos temas y dilucidarlos. Un gran diálogo nos vacía para mucho tiempo, porque nos impide explotar por escrito.

Anoche decía yo a R.M. que Georges Bataille fue alguien interesante, un desequilibrado complejo, curioso, pero que no me gusta su forma de escribir, que no tenía los medios idóneos para su desequilibrio.

No todo el mundo tiene el privilegio de haber vivido una infancia desgraciada. La mía fue más que feliz: *laureada*. No encuentro adjetivo mejor para designar lo que tuvo de magnífica, de triunfal, hasta en sus terrores. Tenía que pagarlo, eso no podía quedar impune.

La sed de destrucción está tan arraigada en el hombre, que nadie, ni siquiera un santo, consigue extirparla. Desde luego, es inseparable de la condición de ser vivo. El fondo de la vida es demoniaco.

La destrucción tiene raíces tan profundas en cada uno de nosotros, que es muy probable que no pudiéramos vivir sin ella, quiero decir sin el *deseo* de entregarnos a ella. Forma parte de nuestros datos originales. Cada persona que nace es un destructor más.

En cada persona veo un destructor.

Un sabio es un destructor apaciguado, retirado. Pero los otros son destructores *en ejercicio*.

El paso del tiempo en sí es terrible. Pero, ¡cuánto más terrible sería un tiempo paralizado! ¡Si se detuviera para siempre! Pero eso es precisamente la muerte. Tal vez sea ése el motivo profundo del terror que inspira. *Destruye*, aniquila el tiempo, le impide para siempre transcurrir...

29 de octubre

Visita de Brejnev a París.

Al abrir esta tarde un libro sobre Rasputín, en el

253

que se ve la foto que representa al monje maldito tomando el té con la zarina, he comprendido al instante por qué estaba aquí B. en este momento. Para comprender la Revolución rusa, no es necesario leer a Lenin. Basta con hojear una biografía de aquel monje misterioso e inmundo.

Un régimen desaparece cuando sus representantes han dejado de creer en sí mismos. De igual forma, el hombre desaparecerá cuando haya perdido la fe en su destino. Ocurrirá, si no ha ocurrido ya. No necesitará fuerzas adversas para abatirlo; se desplomará por sí solo.

Cuando leemos sobre las sociedades primitivas, lo que más llama la atención es el papel que en ellas desempeñan las prohibiciones. No se inventaron por superstición, sino porque son absolutamente indispensables para el buen funcionamiento de una sociedad, de un clan, de una familia. Una sociedad sin prohibiciones es una contradicción en los términos. Los hombres sólo pueden vivir juntos en la medida en que aceptan no hacer ciertas cosas. ¿Que en la mayoría de los casos esas prohibiciones son insensatas, ridículas? ¡Poco importa! Lo que cuenta es que molesten a los individuos y les impongan una disciplina. La anarquía es la supresión de los *tabúes*.

5 de diciembre
Acabo de hojear algunos libros sobre etnología. Nunca más envidiaré a los indígenas. Por horror de la «civilización» me había imaginado que vivían con paz y

serenidad, como en un paraíso. En realidad, tiemblan mucho más que nosotros. Viven con miedo, tanto, como los animales, si no más. La conclusión que se debe sacar es la de que el mal está inscrito en la condición de lo vivo como tal y es inútil envidiar cosa alguna. A menos que salgamos de ese reino maldito que es el reino animal.

La razón por la cual los problemas abstractos del lenguaje me resultan indiferentes es muy sencilla: he sufrido tanto para llegar a escribir en una lengua distinta de la mía, que no veo cómo podría ocuparme ahora del lenguaje en sí mismo. Las dificultades concretas con las que he tropezado me bastan, ¿para qué voy a afrontar las abstractas?

Gaston Gallimard tiene noventa años. Me cuenta que está perdiendo la memoria, pero que recuerda muy bien cosas lejanas... Así, siendo muy pequeño, tuvo un aya alemana. Así, pues, el alemán fue su primera lengua, que después olvidó completamente. Ahora le vienen a la cabeza palabras alemanas. Otra cosa: de muy joven, comenzó un Diógenes, que abandonó. Ahora quisiera reanudarlo....

Me dice todo eso con una sonrisita irónica. Me ha dicho que ya no podía leer poesía. ¡Cómo lo comprendo! Pasada cierta edad, ya no se puede apreciar, singularmente en Francia.

30 de diciembre
Visita esta noche a Notre-Dame. ¡Y pensar que los franceses fueron capaces, en el siglo XII, de concebir y

ejecutar el proyecto de semejante monumento! Era un pueblo que entonces tenía alma y que la conservó durante mucho tiempo. Pero ahora está perdiéndola. (Ahora bien, no es ése el lugar en el que yo me convertiría. Es inexplicable que Claudel pudiera sentir ahí la conmoción que lo marcó para el resto de su vida.)

Después de la guerra, hacia 1955 (?), Laurence Olivier y su compañía fueron a Moscú para representar *Romeo y Julieta*. Concluido el espectáculo, los espectadores, en el colmo de la emoción, se abrazaron como durante la noche de Pascua.
Eso es tener un *alma*.

19 de enero de 1972
He hecho la tontería de aceptar que reediten en París *Lacrimi si Sfinti*. En este momento estoy corrigiendo las pruebas. ¡Qué suplicio! Está mal escrito (es transilvano, no rumano) y queda muy lejos. ¡De qué alteración interior saldrían esas divagaciones! Me veo en Brasov, en aquella casa encaramada en la colina, ¡sumido en la vida de los santos! Esa parte de mi vida está borrada de mi memoria; revive ahora, por lo que esta dura *prueba* (nunca mejor dicho) no habrá carecido de utilidad.

La voluntad de destrucción es la expresión dinámica de la tristeza.

Estoy «descompuesto» por estas *Lacrimi si Sfinti*, por la soledad que de ellas se desprende. Ha faltado poco para que estallara en sollozos.

(No es el libro lo que me ha trastornado, sino los recuerdos que ha despertado en mí. En cierto momento se habla en él del abeto que se alzaba delante de la quinta en la que yo vivía en las alturas de la Livada Postii. De pronto, me ha aparecido con una extraordinaria nitidez la imagen de aquel abeto, cuyo recuerdo había yo perdido enteramente. Esos detalles son los que nos conmueven y desencadenan emociones: y no frases más o menos llamativas.)

23 de febrero
Esta noche he pensado en una época desgraciada de mi vida. En la pensión sajona de Sibiu (donde viví de los diez a los catorce años), éramos cinco en una gran habitación. Cuatro de nosotros dormíamos en camas... normales; yo, que no estaba en régimen de pensión completa, porque mis padres eran pobres, tenía un catre de tijera, que traían todas las noches y se llevaban por la mañana. Aquel régimen «especial» de desheredado era para mí extraordinariamente humillante. Lo he recordado esta noche...

Se ha dicho que la sabiduría antigua se resumía en el *Cállate* ante el destino. Ese *Cállate* es el que ahora nos hace redescubrir y resucitar, pues contra él se insurgió, victorioso, el cristianismo. El mutismo ante los dictados de la suerte... a eso es a lo que debemos sujetarnos, ésa es nuestra lucha, en caso de que ésta sea la palabra apropiada cuando se trata de una derrota prevista y aceptada.

Lo que detesto son las florituras, las sutilezas inútiles, la falsa gracia de la preciosidad. ¡Qué suerte tuve de frecuentar a Valéry! Huir de la anemia de los salones. Huir de la retórica, pero no de la pasión; de la prolijidad, pero no de la explosión.

Pero precisamente de lo que ya no soy capaz es de la explosión. Estoy demasiado fuera de las cosas para eso.

11 de marzo

G. Su caso me impresiona. Me fascina. Se trata de alguien más inutilizable que yo. En todo el planeta no hay una sola situación, un solo puesto, que le resulte apropiado. Totalmente inadaptado para todo. No está hecho para ningún trabajo, no tiene ningún don, ningún talento, ningún vicio ni ninguna virtud. Es confuso, nunca se sabe adónde quiere ir a parar, es prolijo, está en plena erupción. Le gusta compararse con un volcán, ésa es incluso la palabra que reaparece con mayor frecuencia en sus explosiones verbales, en su oleada de palabras, cuyo sentido casi nunca resulta penetrable, porque precisamente carece de sentido. Es una aparición, un fenómeno nunca visto, una nada única.

No conozco ningún libro en el que el escarnio llegue tan lejos como en la *Ilíada*. En ella el hombre parece un juguete, menos que un juguete, una pura nada, extraordinaria, cierto es, porque juega el juego, sabiendo que no sirve de nada. Un torbellino de acciones dementes para la diversión de la galería, en aquel caso el Olimpo.

Las cartas que de vez en cuando recibo de desconocidos deberían haber ido dirigidas a un psiquiatra. Mi mayor error es el de contestarlas. Y, al hacerlo, aumento el número de los pesados a mi alrededor.

Anoche decía yo a Christabel que me gusta la «vida», pero no por ello dejo de considerar que habría sido preferible, para mí y para todo el mundo, no haber existido nunca. Ella no conviene conmigo y me responde que cada persona es única y por tanto... He observado que las personas son incapaces de poner radicalmente en entredicho su propia existencia. ¿Por qué? Porque cada cual se mira *desde el interior* y se cree necesario, indispensable, se siente como un todo, como el todo; en cuanto nos identificamos con nosotros mismos de forma absoluta (y eso es lo que hacen casi todas las personas), reaccionamos como Dios, *somos* Dios. ¿Cómo aceptar entonces la idea de que habría sido preferible no haber existido nunca?

Sólo cuando vivimos a la vez dentro y al margen de nosotros mismos podemos tener simultáneamente la sensación de su unicidad y de su nulidad y podemos admitir también sin el menor rastro de desolación que, a fin de cuentas, vale más no ser nunca.

Para escribir hace falta pasión. Ahora bien, yo me he dedicado a destruir ese resorte, para gran desgracia mía. No voy a leer más a los sabios. Me han hecho demasiado daño. Debería haberme entregado a mis instintos, haber dejado que mi locura alcanzara su plenitud.

Hice todo lo contrario, tomé el disfraz del desapego y el disfraz acabó sustituyendo el rostro.

Siempre que voy a un hospital para una consulta, tengo la impresión de que tomo una lección de entierro. Digámoslo más sencillamente: de humildad. Después de una sesión en la que te han hurgado las cavidades, ¿qué misión puedes arrogarte? ¿Cómo puedes seguir creyendo en ti mismo? Ahí es donde tenemos la *sórdida* experiencia de nuestra nada. Ser menos que nada, eso es.

Lo que me gusta en el Maestro Eckhart es la *exageración*.

(Después de haberme ocupado durante unos días de Lenin, he vuelto a sumirme en el Maestro Eckhart. Dos mundos irreductibles. Sin embargo, esa *exageración*, ese gusto por el exceso, por el rechazo total del mundo en los místicos, del cielo en los revolucionarios, hacen que los dos se parezcan en cuanto a la virulencia y la intensidad de sus reacciones.)

Alguien a quien estimamos en particular nos resulta más *próximo* cuando comete algún acto indigno de él. Con ello nos dispensa del calvario de la veneración. Y a partir de ese momento experimentamos auténtico afecto por él.

15 de abril
Toda la Historia no es otra cosa que una serie de malentendidos. Podríamos decir incluso que *todo cam-*

bio es un malentendido. Nos engañamos, queremos engañar; sin esa voluntad, inconsciente la mayoría de las veces, las cosas seguirían siendo las que son: inalterablemente malas, en lugar de ser malas cambiando de faz.

Diario filosófico, de Wittgenstein. En cuanto aborda la ética, se vuelve vulnerable e... improbable. No basta con ser sutil para abordar las realidades humanas.

«Ya has ido tirando bastante, es más que hora de liar el petate», no he cesado de repetirme durante toda la mañana. Después, sin saber cómo, he logrado insertarme en el día y recuperar, intactas, mis preocupaciones y cóleras.

Conozco mejor que nadie la desgracia de haber nacido con una sed de vida casi mórbida. Es un regalo envenenado, una venganza de la Providencia. En esas condiciones, no podía llegar a nada, en el plano espiritual, quiero decir, el único que importa. Mi fracaso, en modo alguno accidental, se confunde con mi ser, me resulta consustancial.

He vuelto a pensar en Emily Brontë esta mañana. ¡Qué ejemplo! Su negativa a dejarse cuidar. ¡Cómo la comprendo! ¡Dejarse morir en paz! *Sólo hay fuerza del alma en la resignación.*

1 de junio
Acabo de releer el retrato que hice de San Pablo en *La tentación de existir.* Ya no podría escribir con ese frenesí, estoy demasiado cansado para eso. He conservado mi antigua locura, pero sin la pasión que le infundía su interés. Sin lirismo más bien. Mi locura actual es locura *en prosa.*

La curiosidad de ver hasta dónde podemos descender, hasta dónde podemos avanzar en la decadencia, es la única razón que tenemos para avanzar en la edad. Creíamos haber llegado al límite, pensábamos que el horizonte estaba cerrado para siempre, nos dejábamos vencer por el desaliento. Y después advertimos que podemos caer aún más bajo, que hay algo nuevo, que no toda esperanza está perdida, que es posible apartar el peligro de paralizarse, de petrificarse. Mientras nos hundimos un poco más, escapamos al marasmo, a la esclerosis. Pues nada hay mejor para mantenerse en forma que reservarse un largo naufragio.

Cuando dejamos de creer en nosotros mismos, dejamos de producir o batallar, dejamos incluso de hacernos preguntas o de darles respuestas, mientras que debería ser lo contrario, en vista de que precisamente a partir de ese momento, al estar libres de vínculos, somos aptos para captar lo verdadero, para discernir lo real de lo que no lo es. Pero, una vez agotada la creencia en nuestro papel, o en nuestra suerte, perdemos la curiosidad por todo, incluso por la «verdad», pese a estar más cerca de ella que nunca.

Es extravagante pensar que Rimbaud habría podido «continuar». ¿*Podemos* imaginarnos a Nietzsche después de *Ecce Homo?* Todo es inconcebible, todo es anormal en Rimbaud, salvo su «silencio». Comenzó por el final, alcanzó de entrada un límite que sólo habría podido salvar renegando de sí mismo. Si hubiera vivido hasta los ochenta años, habría acabado comentando sus explosiones, explicándolas y explicándose. Sacrilegio en los dos casos. Habría que leer y releer una obra, sin sopesarla. Todo lo que nos gusta de forma *consciente* es esterilizante.

Así como se dice que no pueden gustarnos al mismo tiempo Italia y España, así también podríamos decir que no se puede ser a la vez partidario de Baudelaire y de Rimbaud. Yo siempre he estado a favor de Baudelaire y no consigo renegar de él, pese a lo mucho que lo deseo.

Sólo he ahondado en una idea, a saber, la de que todo lo que el hombre hace acaba volviéndose contra él. La idea no es nueva, pero dudo que mortal alguno la haya vivido jamás con intensidad semejante y con fuerza a la que ningún fanatismo o delirio se haya aproximado. No hay martirio ni deshonor que no sufriría yo por ella y no la cambiaría por ninguna verdad, por ninguna otra revelación.

Mi debilidad por las dinastías condenadas, por los imperios que se desploman, por los Moctezuma de siempre, por quienes están cansados de sí mismos y del mundo, por quienes creen en lo inevitable, por los desgarrados y tarados, por los Romanov y los Habsburgo, por todos cuantos esperan a su verdugo, por los amenazados, por los devorados de todas partes.

29 de octubre
He cruzado el cementerio de Montparnasse. La tumba de Sainte-Beuve, en la que no me había fijado hasta ahora. Esa cara cubierta de muecas me indispone. Así, ¡que ahí se encuentran los restos de un escritor al que he dedicado un número considerable de horas! Recuerdo que leía uno de sus *Lundis* en Escocia... Después pienso en el Vacío del Madhiamika, cuya doctrina se verifica tan bien en un lugar semejante.

La ventaja de envejecer es la de poder observar de cerca la lenta y metódica degradación de los órganos; comienzan todos a fallar, unos de forma visible; los otros, de forma discreta. Se separan del cuerpo, como el cuerpo se separa de nosotros: escapa, huye, de nosotros, deja de pertenecernos. Es un desertor al que ni siquiera podemos denunciar, ya que no se detiene en ninguna parte y no se pone al servicio de nadie.

Las horas no querían pasar. El día parecía lejano, inconcebible. A decir verdad, no era el día lo que yo esperaba, sino el olvido de ese tiempo que se negaba a avanzar. ¡Feliz, me decía, el condenado a muerte que, la víspera de la ejecución, está al menos seguro de que pasará una buena noche!

Lo peor que hay en el mundo es el adulador. Podemos estar seguros de que, a la primera oportunidad, nos asestará un golpe, se vengará de haberse rebajado ante nosotros. Y como se rebaja ante todo el mundo... Los aduladores son traidores, sin excepción. Siempre los he despreciado, pero no he desconfiado lo suficiente de ellos.

Para desgracia nuestra, soportamos mejor a un cumplimentero que a alguien que nos dice cosas verdaderas y, por tanto, desagradables sobre nosotros. Así, somos nosotros mismos los que favorecemos, los que alentamos, a nuestros peores enemigos.

El hombre al que podríamos matar sin pena: un «amigo» que nos haya adulado siempre y nos haya dejado sin que sepamos por qué.

Sin la idea de un universo fracasado, el espectáculo de la injusticia bajo todos los regímenes conduciría a la camisa de fuerza incluso a un indiferente.

Últimos Marginales